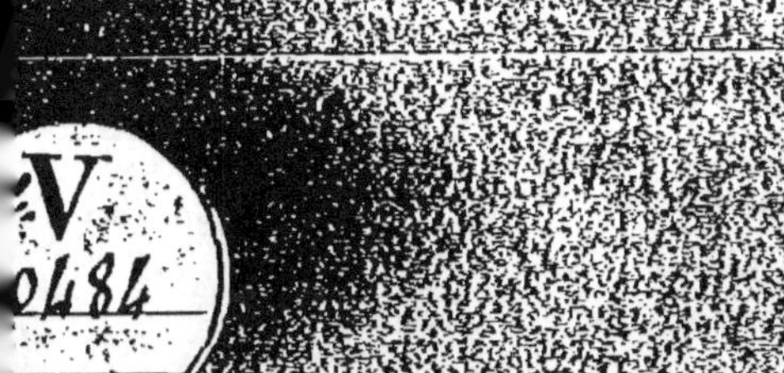

AF226655

LE GÉNIE CIVIL

REVUE GÉNÉRALE HEBDOMADAIRE DES INDUSTRIES FRANÇAISES ET ÉTRANGÈRES

Paraissant tous les Samedis

COMITÉ SUPÉRIEUR DE RÉDACTION

MM.

ARBEL, O. ✳, Maître de forges à Rive-de-Gier, ancien Président de la Société des anciens élèves des Écoles nationales d'Arts et Métiers.

GEORGES BERGER, C. ✳, Directeur général de l'Exploitation de l'Exposition universelle de 1889, président honoraire de la Société internationale des Électriciens.

R. BISCHOFFSHEIM, ✳, Ingénieur civil.

BIVER, ✳, Ingénieur, administrateur de la Compagnie de Saint-Gobain, Chauny et Cirey.

BOURDAIS, O. ✳, O. I. U, Architecte du palais du Trocadéro, ancien Vice-Président de la Société des Ingénieurs civils.

BOUTILLIER, ✳, Ingénieur en chef des Ponts et Chaussées, Professeur à l'École Centrale et à l'École des Ponts et Chaussées.

CAUVET, O. ✳, Directeur de l'École Centrale des Arts et manufactures.

E. CHABRIER, O. ✳, Ancien Ingénieur de la voie au chemin de fer de l'Ouest, Administrateur de la Compagnie Générale Transatlantique, ancien Président de l'Association des anciens élèves de l'École Centrale.

CH. COTARD, ✳, Ingénieur civil, ancien élève de l'École Polytechnique.

DECAUX, ✳, Directeur des teintures des Manufactures nationales des Gobelins et de Beauvais.

DEHÉRAIN, ✳, Membre de l'Institut, Professeur au Muséum d'histoire naturelle et à l'École d'agriculture de Grignon.

DIETZ-MONNIN, C. ✳, ancien Président de la Chambre de commerce de Paris, Directeur de la section française à l'Exposition universelle de 1878.

DUMOUSTIER DE FRÉDILLY, ✳, Chef de bureau au Ministère du Commerce.

ALFRED ÉVRARD, ✳, Directeur général de la Compagnie des Forges de Châtillon et Commentry, membre du Conseil de perfectionnement de l'École des Mines de Saint-Étienne.

JOSEPH FARCOT, O. ✳, Ingénieur-Constructeur, ancien Président de la Société des Ingénieurs civils.

FICHET, Ingénieur civil.

FRIBOURG, O. ✳, Directeur du personnel à l'Administration des Postes et Télégraphes, Professeur à l'École supérieure de Télégraphie.

FERDINAND GAUTIER, Ingénieur civil, ancien secrétaire du Comité des Forges de France.

GRANDVOINNET, ✳, Professeur de Génie rural à l'Institut national agronomique.

HUDELO, ✳, O. I. U, Ingénieur civil, Vice-Président de l'Association Polytechnique, membre de la Commission des logements insalubres.

JOSEPH IMBS, Ingénieur, Professeur de filature et de tissage au Conservatoire des Arts et Métiers.

MM.

JACQUEMART, O. ✳, Ingénieur civil des Mines, Inspecteur général des Écoles d'Arts et Métiers et de l'Enseignement technique.

JOUSSELIN, ✳, I. U, Ingénieur, chef de la troisième division de l'Exploitation à la Compagnie des chemins de fer de P.-L.-M., Expert près les Tribunaux.

G. LAURENS, ✳, Ingénieur civil et métallurgiste, ancien Président de l'Association des anciens élèves de l'École Centrale.

LAUTH, O. ✳, Administrateur honoraire de la manufacture nationale de porcelaine de Sèvres.

LAVALLEY, O. ✳, Ancien Président de la Société des Ingénieurs civils.

LEVASSEUR, O. ✳, Membre de l'Institut, Professeur au Collège de France et au Conservatoire des Arts et Métiers.

H. LÉAUTÉ, ✳, Ingénieur des Manufactures de l'État, Répétiteur à l'École Polytechnique, Lauréat de l'Institut, Directeur des études à l'École préparatoire de l'École Monge.

MAURICE LÉVY, O. ✳, Membre de l'Institut, Ingénieur en chef des Ponts et Chaussées, Professeur à l'École Centrale, Professeur suppléant au Collège de France.

E. LISBONNE, O. ✳, Directeur des constructions navales, en retraite.

MARIÉ DAVY, ✳, Directeur honoraire de l'Observatoire météorologique de Montsouris.

G. MASSON, ✳, Membre de la Chambre de commerce de Paris.

ÉMILE MULLER, O. ✳, Professeur à l'École Centrale, ancien Président de la Société des Ingénieurs civils, Vice-Président de la Société française d'hygiène.

NIVOIT ✳, Ingénieur en chef des Mines, Professeur de géologie et de minéralogie à l'École nationale des Ponts et Chaussées.

H. RÉMAURY, ✳, Ingénieur conseil, ancien Directeur des Forges d'Ars-sur-Moselle et de Pompey.

RICHEMOND, ✳, Administrateur de la Société centrale de construction de machines de Pantin, ancien Juge au Tribunal de commerce de la Seine.

RISLER, O. ✳, Directeur de l'Institut national agronomique.

T. SEYRIG, Ingénieur-constructeur.

CHARLES THIRION, ✳, Ingénieur civil, Secrétaire général des Congrès et Conférences de l'Exposition de 1878.

ÉMILE TRÉLAT, O. ✳, Architecte en chef du département de la Seine, Directeur de l'École spéciale d'Architecture, Professeur au Conservatoire des Arts et Métiers, ancien Président de la Société des Ingénieurs civils.

F. VALTON, ✳, Ingénieur, ancien chef de service des aciéries de Terrenoire.

VIGNEUX, ✳, Ingénieur civil, Professeur à l'École Centrale.

CAMILLE VINCENT, ✳, ✳, Ingénieur civil, Professeur à l'École Centrale.

MAX DE NANSOUTY, A. U, Ingénieur, Membre du Comité de la Presse à l'Exposition de 1889, Membre du Comité de la Société des Ingénieurs civils, *Rédacteur en chef-Gérant du journal* LE GÉNIE CIVIL

CH. TALANSIER, *Ingénieur, Secrétaire de la Rédaction.*

PRIX DE L'ABONNEMENT PAR AN :

Paris: 36 francs; Départements: 38 francs. — Étranger (union postale): 40 francs.

Autres pays, le port en sus

À Trois mois: Paris. 10 francs. Départements et étranger (union postale) 12 francs.

RECHERCHES

SUR LA

PORCELAINE

PAR

Ch. LAUTH et G. DUTAILLY

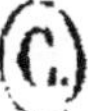

PARIS

PUBLICATIONS DU JOURNAL *LE GÉNIE CIVIL*

6, RUE DE LA CHAUSSÉE-D'ANTIN, 6

1888

(C.)

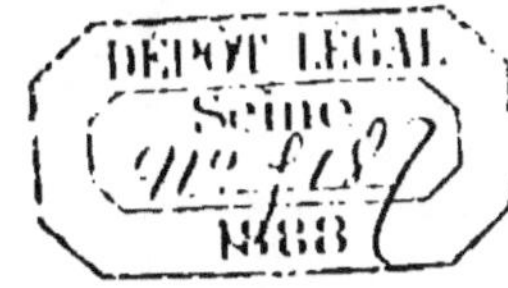
DÉPOT LÉGAL
Seine
1888

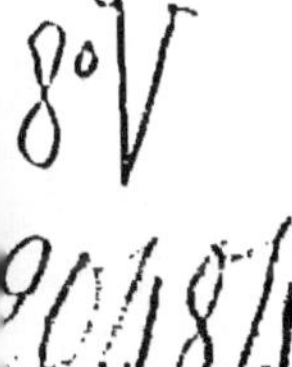
8° V
90184

AVANT-PROPOS

Les notes que nous publions sont le résumé de quelques-uns de nos travaux chimiques faits à la Manufacture nationale de Sèvres dans ces dernières années.

La plupart de ces recherches ont été suivies d'une exploitation industrielle suffisante pour qu'on puisse considérer comme résolues les questions qu'elles soulevaient. Quelques-unes cependant nécessitent un complément d'études: notre départ de Sèvres nous ayant empêchés de les terminer, nous nous sommes décidés à les publier telles quelles, dans l'espoir qu'elles pourront néanmoins être utilisées par les céramistes ou leur servir en tous cas de point de départ pour des expériences ultérieures.

RECHERCHES

SUR LA

PORCELAINE

NOTE SUR L'ÉMAIL BLEU-NOIR DE GRAND FEU
ET SES APPLICATIONS SUR LA COUVERTE DE PORCELAINE DURE,
PAR CH. LAUTH.

Parmi les matières colorantes usitées dans la décoration au grand feu de la porcelaine dure, il n'en est pas qui soient plus fréquemment employées que celles qui dérivent du cobalt; il est peu de pièces orientales, il en est encore moins chez nous, dans lesquelles, par une méthode ou une autre, on n'ait utilisé le cobalt. Mais, tandis que les bleus varient à l'infini sur les porcelaines chinoises et japonaises, depuis les bleus de ciel les plus francs, jusqu'aux bleus-gris les plus doux, le seul émail de grand feu qui soit très couramment employé en Europe est celui qui est connu sous le nom de bleu de Sèvres, bleu violacé, d'une richesse, d'un velouté et d'un éclat incomparables. L'emploi en est limité à certains usages, notamment aux pièces décorées d'une façon uniforme (pièces de fonds) ou aux bords (marlis) des assiettes. Dans ces conditions mêmes, il présente quelques inconvénients : juxtaposé à côté du blanc de la porcelaine, il laisse sur l'œil une impression un peu brutale, qui n'a rien du charme des porcelaines orientales ; de plus, très beau à la lumière du jour, il apparaît noir et presque triste à la lumière artificielle. On ne l'a guère utilisé pour peindre des ornements ou des fleurs, encore moins des figures, parce que les dégradations de ce bleu ont un ton faux et désagréable et parce que, dans les conditions ordinaires de cuisson, il émet des vapeurs, de sorte que la netteté des traits et la pureté du dessin sont profondément altérées. Les propriétés du bleu de Sèvres sont inhérentes à sa nature ; plus le cobalt a été purifié, c'est-à-dire débarrassé des matières qui l'accompagnent dans la nature, plus on voit augmenter ces inconvénients. Il ne faut donc pas les attribuer à un défaut de préparation ou à une autre faute de fabrication.

Pour arriver à des résultats différents, il faut modifier la composition elle-même du bleu. Les Chinois ne se servent que rarement de cobalt pur : Ebelmen et Salvetat ont montré, il y a longtemps déjà, que le cobalt qu'ils emploient renferme des proportions assez fortes de manganèse.

J'ai basé sur cette observation la préparation d'un bleu auquel le nom de « bleu-noir » a été donné, parce que dans les tons très foncés il donne en effet naissance à un véritable noir. Cette préparation consiste, soit dans un simple mélange de bleu grand feu et de l'émail connu sous le nom d' « écaille », soit dans le frittage direct de 75 p. de couverte de porcelaine dure avec 25 parties d'oxydes de cobalt, de fer et de manganèse, dans des proportions qui varient selon le ton précis qu'on désire obtenir. On obtient un résultat satisfaisant en prenant :

> 100 p. d'oxyde de cobalt,
> 88 p. de peroxyde de manganèse,
> et 44 p. de peroxyde de fer.

Le bleu-noir est un bleu d'un ton un peu gris, très doux, s'harmonisant bien avec le blanc, et ayant la propriété intéressante de conserver toute sa valeur à la lumière artificielle.

Pour l'appliquer, on emploie identiquement le même procédé que celui dont on se sert pour le bleu au grand feu et on le cuit dans les mêmes conditions. J'ai indiqué, en 1883 [1], les détails de cette fabrication, auxquels il n'y a rien à modifier.

Le bleu-noir peut être utilisé pour divers emplois.

En l'appliquant en fonds, tout seul ou accompagné de taches de bleu de grand feu, on obtient des effets agréables et harmonieux, qui rappellent absolument les bleus *fouettés* des Chinois.

Il me paraît devoir rendre des services réels dans la décoration des assiettes de luxe ; appliqué sur le marli, avec des peintures d'ornement en bleu au grand feu et enrichi d'or, il constitue un genre doux et somptueux à la fois. La propriété qu'a le bleu-noir de conserver son ton à la lumière artificielle rend cette application particulièrement intéressante, parce que c'est surtout le soir que le service de table riche est utilisé. Les émaux de grand feu sont si rares et ils

---

(1) *Bulletin de la Société chimique*, 1883, t. I, p. 135.

présentent tant d'avantages, surtout pour les porcelaines de service, que l'industrie privée tirera sans doute parti de ces indications.

L'usage le plus fréquent auquel ce bleu me paraît devoir être appliqué est la décoration des porcelaines artistiques, si l'on en combine l'emploi avec des parties réservées, de manière à mettre en valeur la matière délicate et précieuse qui constitue la porcelaine et que trop souvent on masque par des peintures ou des fonds.

Voici quelques détails sur le mode opératoire qu'il convient de suivre pour cette fabrication. Comme pour le « bleu de Sèvres » la décoration se fait, non sur la porcelaine crue ou dégourdie, mais bien sur la porcelaine cuite.

Supposons qu'on veuille traduire sur un objet une composition dans laquelle soient associés le bleu-noir, le bleu de Sèvres et le blanc de la porcelaine ; on commence par ménager ce dernier en peignant, au pinceau, le décor qui devra ultérieurement apparaître en blanc, avec un mélange de blanc d'Espagne et de gomme arabique teintée au moyen de violet de Paris. Lorsque ce travail est terminé, on recouvre la pièce tout entière de bleu noir posé à l'essence, soit au pinceau, soit à l'éponge et au putois, selon l'effet cherché ; on laisse sécher, puis sur ce fond, qui paraît à ce moment gris et sous lequel on voit aisément les parties réservées en blanc, on peint avec du bleu de grand feu les ornements qui devront ultérieurement se détacher en foncé sur le bleu-noir. Après l'exécution de cette peinture, on porte les pièces en moufle et on chauffe au « feu d'or fort ». Au sortir de la moufle, les réserves tombent généralement d'elles-mêmes ; elles sont enlevées d'ailleurs par le plus léger frottement ; la pièce apparaît maintenant avec des parties blanches se détachant sur du gris et du noir. On complète la décoration en peignant sur ce blanc les ornements ou les figures qui font partie du projet, avec du bleu noir, avec du bleu de grand feu, ou avec tout autre émail de grand feu, comme par exemple le « brun écaille ».

Ce procédé par réserves est courant et ne présente pas de difficultés ; mais comme il nécessite un passage en moufle, qu'on doit chercher à éviter par économie ou à cause des chances d'accident qu'entraîne toujours la cuisson d'une grande pièce, on remplace quelquefois « la réserve » par « l'enlevage ».

Dans ce cas, on pose le bleu noir uniformément sur la pièce et on « enlève » les parties qui doivent rester blanches, soit avec le grattoir, soit avec la laque délayée dans de l'essence de girofle.

Quel que soit le moyen employé, lorsque la décoration est terminée par l'artiste, la pièce est portée au four et cuite au grand feu. Aucune précaution spéciale n'est à observer si on a un four spécial pour les bleus comme celui que j'avais adopté ; dans le cas contraire, on aura soin de choisir les places où le bleu *vient bien* et de mettre la pièce aux endroits les moins chauds, pour éviter que les bleus coulent ou fusent.

La pièce sort du grand feu, absolument terminée ; rien ne s'oppose cependant à ce que l'on ajoute ensuite au feu de moufle un complément de décoration, et notamment quelques rehauts d'or qui, employés avec discrétion, peuvent augmenter la valeur artistique de l'objet.

On peut enfin obtenir d'autres effets décoratifs en combinant ce procédé avec des gravures ou des rehauts de pâte blanche, qu'il faut, dans ce cas, prévoir et exécuter, bien entendu, sur la porcelaine crue ou dégourdie.

J'ai introduit ce procédé de décoration à la Manufacture nationale de Sèvres en 1882 ; il y a été appliqué tant pour les services de table que pour les porcelaines artistiques. En général, c'est à l'association du blanc, des deux bleus, et des ors qu'on a donné la préférence ; néanmoins on a obtenu de très beaux effets en complétant la décoration avec des couleurs de moufle, comme par exemple les rouges de fer, ainsi que le font les Japonais.

La simplicité, la sécurité de ce moyen de décoration, la liberté qu'il laisse pour l'interprétation de la composition, l'ont fait vivement apprécier par les artistes de la Manufacture ; aux Expositions d'Amsterdam 1883, des Arts décoratifs 1884, et d'Anvers 1885, ont figuré des pièces ainsi décorées, depuis les plus délicates jusqu'aux plus grandes, et leurs qualités véritablement céramiques ont été jugées très favorablement.

Il m'a paru intéressant de signaler cette application qui trouvera de nombreux emplois dans l'industrie privée.

II

SUR LA COUVERTE « ÉCAILLE » DE PORCELAINE DURE
par Ch. Lauth et G. Dutailly.

On désigne sous le nom d'*écaille* un émail de grand feu pour porcelaine dure, dont la couleur brun rouge et l'aspect général rappellent la substance commerciale qui provient de la carapace de certaines tortues marines. Lorsque cet émail est transparent et de la nuance voulue, il est très apprécié ; le grand vase qui figure dans la salle Louis XIII, au Louvre en offre un des types les plus remarquables. Malheureusement la réussite en est assez incertaine : la préparation de l'émail n'est pas nettement déterminée, les conditions dans lesquelles il convient de le cuire au grand feu n'ont pas été indiquées, enfin il n'est pas rare de voir se manifester, après un temps quelquefois très long, des tressaillures qui peuvent entraîner la fêlure des pièces (c'est notamment le cas du vase du Louvre) ; on constate, en général, que cet accident est d'autant plus fréquent que le ton de l'écaille est plus rouge.

Nous avons cherché à trouver une composition constante pour la préparation de cet émail et à éviter les causes des accidents que nous venons de signaler.

A. Brongniart indique pour la préparation de l'écaille la formule suivante :

	Pegmatite	56 p.
	Terre d'ombre calcinée	8 p.
[1]	Manganèse natif	24 p.
	Colcothar	12 p.

C'est une composition excellente, mais elle donne des résultats incertains. Appliqué mince, cet émail est pauvre d'aspect; plus épais, il perd facilement sa transparence, prend un aspect métallique et détermine la tressaillure.

Nous avons tout d'abord cherché à supprimer l'emploi de la terre d'ombre, produit essentiellement variable, et à préparer une couverte faite avec des éléments constants.

A cet effet, on a fritté, au fourneau à vent, de la pegmatite, d'un côté avec du colcothar Fe^2O^3, de l'autre avec du bioxyde de manganèse MnO^2, en prenant dans les deux cas 10 parties d'oxyde pour 60 parties de pegmatite. Ces deux frittes donnent isolément des couleurs sans intérêt, la première une sorte de noir, la seconde un jaune brunâtre. On les a mélangées en proportions variables, et l'expérience a prouvé que le meilleur rapport, au point de vue de la nuance, est 1 p. de fritte au manganèse pour 1 p. de fritte au fer. L'intensité du mélange étant trop forte, il a fallu l'additionner de 20 p. de pegmatite pour 80 p. du mélange, qu'on peut préparer en somme en prenant :

	Pegmatite	68 » p.
[2]	Manganèse	25,6 p.
	Colcothar	6,4 p.

Cet émail donne de bons résultats et il a été employé avec succès à la Manufacture de Sèvres, de 1882 à 1886. Comme cependant on constatait quelquefois des tressaillures sur certaines pièces, nous avons repris cette étude en 1886.

La cause de ces tressaillures est due à l'extrême basicité et à l'alcalinité de cette couverte.

Quant aux irrégularités constatées avec les diverses écailles préparées d'après la formule de Brongniart, à des époques différentes, c'est à la nature même de la pegmatite qui sert à sa préparation qu'il en faut rapporter l'origine. Les analyses qui ont été faites à Sèvres montrent, en effet, que la pegmatite subit dans sa composition une modification qui s'est constamment accentuée; au fur et à mesure de l'épuisement des premiers bancs de la roche, celle-ci s'est de plus en plus rapprochée de la composition du feldspath : de 75 % la silice s'est abaissée à 70,64 % ; l'alumine de 15 % s'est élevée à 17,6, et les alcalis et la chaux se sont élevés de 10 % à 10.70 % ; l'augmentation de la basicité est de 2/9 environ et elle explique comment la formule de Brongniart, et la formule [2] ensuite, après avoir donné des résultats à peu près satisfaisants, se sont trouvées plus tard en désaccord absolu avec la pâte.

Nous aurions pu, par des additions convenables, ramener la pegmatite à son ancien type et reproduire exactement la couverte de Brongniart, mais les accidents auxquels elle donne lieu nous ont décidés à en chercher une nouvelle.

Après avoir établi que la présence des alcalis est la cause de l'instabilité de l'écaille, nous avons pris le parti de les éliminer complètement ; après de nombreux essais, nous nous sommes arrêtés à la formule suivante :

On mélange intimement :

Sable	37,69
Kaolin	35,38
Bioxyde de manganèse	21,54
Colcothar	5,39

On fritte ce mélange au fourneau à vent, en poussant la température très haut, si possible, jusqu'au point de fusion : le ton de l'écaille est d'autant plus beau que la combinaison des éléments a été plus parfaite. Après refroidissement, on broie le produit, et, pour le rendre d'un emploi plus facile, on le soumet à une nouvelle calcination qui lui donne une texture différente ; un nouveau broyage très fin le met dans l'état convenable pour l'usage.

Il renferme :

	Silice	57,36
[3]	Alumine	14,20
	Peroxyde de manganèse	22,77
	Oxyde de fer	5,69

Les analyses de la pegmatite faites en 1884 par M. Vogt, chef des travaux chimiques à Sèvres, ont donné les résultats suivants :

Silice	70,64
Alumine	16,87
Oxyde de fer	0,73
Chaux	1,31
Magnésie	0,20
Potasse	4,22
Soude	4,97
Eau et matières volatiles	0,34
	99,28

On voit que, dans notre émail, le rapport de la silice à l'alumine

— 11 —

est le même que dans la pegmatite qui sert de couverte à la porcelaine
de Sèvres, dont l'écaille ne diffère en réalité que par la substitution
des oxydes de fer et de manganèse aux bases alcalines et alcalino-terreuses. La substitution n'a pas été faite par quantités équivalentes,
parce que l'intensité de la couleur eût été insuffisante et parce que les
oxydes métalliques apportant moins de fusibilité que les alcalis, il a
fallu augmenter la basicité de la couverte pour lui permettre de fondre
au point voulu.

Le tableau suivant indique et permet de comparer les compositions
centésimales des pegmatites analysées à deux époques différentes, des
écailles préparées avec ces deux pegmatites et enfin de notre nouvel
émail :

	Pegmatite ancienne	Pegmatite nouvelle	Écaille 1 ancᵉ pegm.	Écaille 1 nouvelle pegm.	Écaille 2 ancᵉ pegm.	Écaille 2 nouvelle pegm.	Écaille 3
Silice.	75	71	45.66	42.82	51	48.25	57.21
Alumine.	14.25	16.87	10.51	12.22	10.20	12.24	14.25
Peroxyde de fer.	0.75	0.73	14.80	14.80	6.4	6.4	5.74
Peroxyde de manganèse.	»	»	24	24	25.6	25.6	22.84
Alcalis et chaux.	10	11	5.6	6.16	6.8	7.48	»

On a, dans ces calculs, admis pour la composition de la terre d'ombre
employée dans l'écaille n° 1 :

Silice	38,20
Alumine	26,80
Peroxyde de fer.	35

Le mode d'emploi de notre écaille ne mérite aucune indication
spéciale : on pose la couleur au putois sur couverte dure, comme le
bleu de grand feu, et à trois couches successives pour avoir l'intensité voulue. Moins fusible que l'émail indiqué par Brongniart, il est
moins exposé à couler et à s'étaler pendant la cuisson sur les supports
des vases.

Il est avantageux, au point de vue de la beauté du ton, de cuire à
une température très élevée et dans une atmosphère neutre, c'est-à-
dire dans une pile ordinaire, sans courant d'air. Pour obtenir une
bonne glaçure, il faut avoir soin, comme pour les bleus de grand feu,
de placer les pièces dans les parties du four où la circulation de flamme
est le plus active et d'éviter qu'elles ne se trouvent dans un flanc.
Nous avons constaté également qu'il est avantageux de refroidir aussi
rapidement que possible ; on prévient ainsi les métallisations.

L'intensité et la chaleur de ton de cet émail augmentent sensiblement lorsqu'on passe les pièces en moufle après leur cuisson au grand
feu. C'est, on le sait, le cas des objets de porcelaine pour lesquels on
demande en général un complément de décoration en or; il faut tenir
compte de cette observation et ne juger de la valeur de l'émail qu'après
la dorure.

Pour éviter à d'autres chimistes des recherches que nous avons
déjà faites, nous terminerons cette note en disant que les essais tentés
en vue de remplacer dans notre émail une partie de l'alumine par des
quantités équivalentes de chaux, de magnésie, d'oxyde de zinc ou
d'autres bases incolores, ont été absolument infructueux.

On a également cherché, sans succès, à améliorer le ton de l'écaille
par des modifications dans les rapports de la silice et de l'alumine,
de l'oxyde de manganèse et du fer : dans le premier cas, on n'est
arrivé qu'à des couvertes tressaillant ou trop fusibles, sans améliorer sensiblement leur ton; dans le second cas, on a constaté que
l'augmentation du colcothar par rapport au manganèse donne un émail
bouché et sujet aux métallisations; la modification inverse donne un
ton gris, manquant d'intensité.

La substitution d'une certaine quantité d'acide borique à une quantité équivalente de silice, et plus simplement l'addition de cet acide à
la couverte, lui ont donné trop de fusibilité et ont augmenté sa tendance
à être opaque et voilée.

En ajoutant à l'écaille 3 à 4 °/₀ de rutile, on a pu obtenir des
fonds écaille d'un beau ton au sortir du four; mais cette couverte,
contrairement à ce qui se passe pour celles qui ne renferment pas
d'acide titanique, perd de son éclat au lieu d'en gagner lorsqu'elle
est réchauffée en moufle. Elle peut être toutefois utilisée pour les
pièces qui ne sont pas destinées à être dorées.

On pourrait exalter le ton rouge de la couverte écaille par l'introduction des alcalis; mais ceux-ci, comme nous l'avons dit, entrainent
fréquemment la tressaillure sur la porcelaine dure de Sèvres. Il faudrait donc, si l'on voulait aller dans cette voie, adopter une autre nature de pâte; comme les pâtes du commerce sont presque toutes plus
siliceuses que celle du type de Sèvres, ces essais pourront aisément
être entrepris et avec des chances certaines de succès.

III

SUR LA PORCELAINE TENDRE,
PAR CH. LAUTH ET G. DUTAILLY.

La porcelaine tendre a été découverte en France au XVIIᵉ siècle;
elle porta successivement le nom de porcelaine française et celui

de porcelaine de Sèvres; aujourd'hui, on la désigne quelquefois sous le nom de porcelaine artificielle. Elle fut fabriquée d'abord à Rouen, puis à Saint-Cloud, à Lille, à Chantilly, à Mennecy, à Sceaux, à Tournay, à Vincennes et, en 1756, à Sèvres. Après la découverte du kaolin à Alençon, puis à Saint-Yrieix, la manufacture royale de Sèvres, qui, la première, fabriqua en France la porcelaine dure, produisit concurremment les deux matières; à partir de 1800, elle renonça à la porcelaine tendre. Diverses tentatives ont été faites, depuis, pour y reprendre cette fabrication; sous l'administration de Regnault, notamment, un assez grand nombre de pièces y ont été obtenues, mais des insuccès nombreux, d'autres préoccupations sans doute, ont porté ailleurs les efforts des savants de la manufacture, qui, depuis 1870, abandonna ces recherches. Nous avons tenté à notre tour de combler cette lacune qu'on a souvent regrettée.

« Il est impossible de réaliser en céramique rien de plus parfait, de plus élégant et de plus riche que les belles pièces de porcelaine tendre fabriquées à Sèvres à la fin du règne de Louis XV; il semble que nulle matière ne pouvait mieux convenir à cet art fin et délicat qui, malgré ses mièvreries et sa frivolité souvent plus apparentes que réelles, n'en a pas moins créé des œuvres admirables, bien françaises, et dans lesquelles nos artistes ont montré non seulement la fécondité et la souplesse de leur talent, mais souvent aussi leur science et leur profonde habileté.

» Parmi les produits les plus remarquables de Sèvres à cette première période, nous citerons principalement : les bouquets si finement modelés en relief et *peints au naturel* sur cet admirable émail laiteux et fluide où les couleurs prenaient le ton frais et velouté des fleurs; les beaux vases d'ornements à fonds *bleu de roi* ou *bleu de Sèvres*, si pur et si profond, ou de ce beau rose carné appelé *rose Dubarry*, et mieux encore *rose Pompadour*, qui n'a jamais pu être imité depuis; les services de table, les *cabarets* et les *tête-à-tête*, et surtout ces mille petits objets de fantaisie, tabatières, boîtes à fiches, bonbonnières, boutons d'habits, étuis à aiguilles et dés à coudre, becs-de-cane, etc., si coquettement décorés de fleurs ou de sujets de figures, exécutés par des artistes habitués à toutes les finesses et à toutes les élégances de la peinture sur éventails ou sur émail, et qui trouvaient dans le nouveau procédé des ressources et des richesses de ton qu'ils n'avaient pas encore rencontrées et que le feu seul peut donner (1). »

L'intérêt que présente la porcelaine tendre réside presque tout entier dans la pureté de sa couverte et dans la beauté des couleurs qui la décorent. Ces qualités lui donnent un charme qui la fait rechercher par les amateurs éclairés comme un produit tout à fait précieux;

---

(1) *Histoire de la Céramique*, par Ed. Garnier.

si au point de vue des emplois domestiques, elle est depuis longtemps condamnée et remplacée par la porcelaine dure, elle n'en reste pas moins, au point de vue artistique, infiniment supérieure à cette dernière. Ces considérations suffisent pour faire comprendre la persistance avec laquelle on a poursuivi à Sèvres la recherche d'une porcelaine tendre similaire à celle qu'on y fabriquait au siècle dernier, et l'intérêt que la Commission de perfectionnement de la Manufacture voyait à résoudre ce problème. L'engouement du public pour cette matière ne doit pas être mis exclusivement au compte de sa rareté; il s'explique très naturellement par sa beauté.

Nous rappelons rapidement les différences qui existent dans la nature et la composition des deux porcelaines.

La porcelaine dure est produite avec une argile blanche, le kaolin, à laquelle on associe le feldspath qui agit comme fondant pour lui donner la transparence; la couverte de cette pâte est préparée avec ce même feldspath. Tous ces éléments sont des produits fournis directement par la nature.

La porcelaine tendre est, au contraire, une matière artificielle; sa pâte et sa couverte sont fabriquées avec des combinaisons préparées dans le laboratoire du chimiste.

Comme les couleurs céramiques sont de la même nature que la couverte (le vernis) de la pâte tendre, et comme elles possèdent la même fusibilité, elles s'unissent intimement à elle, elles la pénètrent, tandis qu'elles ne peuvent que se fixer à la surface de la roche beaucoup plus dure qui constitue l'épiderme de l'autre porcelaine; de là la différence caractéristique des deux sortes de peinture.

Le nom de porcelaine tendre rappelle à la fois qu'elle présente au frottement une résistance assez faible (puisque les corps durs la rayent aisément). et que la température à laquelle elle est fabriquée est relativement peu élevée.

Préparation de l'ancienne porcelaine tendre. — La pâte était préparée avec un produit complexe auquel on donnait le nom de fritte et que l'on additionnait de marne et de craie.

Les matières qui entraient dans la composition de la fritte étaient les suivantes :

Sable de Fontainebleau	60.00
Salpêtre (cristal minéral)	21.78
Sel marin (sel gris de gabelle)	7.22
Alun de roche	3.66
Soude d'Angleterre (ou mieux d'Alicante)	3.66
Gypse des carrières de Montmartre	3.66

Ces matières, préalablement pilées, étaient mélangées, puis mises dans un four où on les chauffait pendant une cinquantaine d'heures elles en sortaient plus ou moins vitrifiées. Après un épluchage destiné à enlever les parties qui ne paraissaient pas bien combinées, ce produit, cette *fritte*, était broyé dans un moulin ; lorsque le broyage était effectué, on ajoutait à 75 parties de fritte, 25 parties de craie et de marne, et l'on continuait à broyer jusqu'à porphyrisation parfaite ; cette opération durait environ trois semaines. L'eau laiteuse tenant la pâte en suspension était, du moulin, dirigée dans des futailles où le mélange se déposait ; après décantation, on le recueillait dans des auges, on le laissait sécher, puis on l'écrasait à nouveau et on le transformait en pâte en y ajoutant de l'eau et une certaine quantité de savon vert et de colle de parchemin (*chymie*) pour lui donner la plasticité nécessaire.

Après le façonnage, les objets fabriqués étaient cuits en biscuit (c'est-à-dire non émaillés) ; puis, ils étaient, par aspersion, recouverts d'un vernis composé comme il suit :

Litharge.	38
Sable de Fontainebleau.	27
Silex calciné.	11
Carbonate de potasse.	15
Carbonate de soude	9

Ces diverses substances mélangées étaient fondues dans des creusets ; après fusion, on retirait le cristal formé, on le pilait et on recommençait cette opération deux ou trois fois.

Le biscuit émaillé était soumis à une seconde cuisson, en moufle.

Comme on le voit, la porcelaine tendre peut être assimilée à une sorte de verre dont la vitrification serait imparfaite, recouvert d'un vernis analogue au cristal.

Cette fabrication a toujours été d'une réussite extrêmement délicate : il n'était pas rare de n'obtenir qu'un rendement de 10 % des pièces fabriquées ; une moyenne de 30 à 35 % était considérée comme un résultat très satisfaisant. Aussi pensons-nous qu'il est inexact de croire que, si, depuis le siècle dernier, on n'a plus fabriqué à Sèvres de porcelaine tendre, c'est, comme on le répète sans cesse, parce qu'on a perdu un secret ou qu'on ne possède plus le *tour de main* : cela tient à ce que dans la préparation de la pâte et dans la cuisson, il faut tenir compte d'une série de détails minutieux, que l'oubli du moindre d'entre eux est nuisible, enfin que les limites entre lesquelles il faut opérer pour réussir sont trop resserrées.

Nous avons relevé les observations qui ont été consignées dans les livres du laboratoire de la Manufacture de Sèvres, par les différents savants qui se sont occupés de cette fabrication ; après avoir répété leurs expériences, nous avons cherché à nous rendre compte des difficultés constatées dans chacune de ses phases successives et à établir les causes des nombreuses irrégularités qui ont été signalées. Nous allons les passer successivement en revue, puis nous ferons connaître les modifications que nous avons proposées pour donner à cette fabrication des bases solides et plus scientifiques ; l'expérience les a justifiées.

Comme on l'a vu plus haut, la pâte est formée d'une fritte à laquelle on ajoute ultérieurement 25 % de marne calcaire. Une première cause d'irrégularité provient de la nature variable des marnes employées : en effet, l'analyse prouve qu'elles renferment des proportions très diverses d'argile, qui font varier leur teneur en alumine de 1,20 % à 7 % ; dans certains cas on était donc obligé de prendre presque exclusivement de la marne, dans d'autres d'augmenter la proportion de la craie. Pour donner à la pâte une composition constante, il fallait examiner la marne à chaque préparation, et modifier les proportions de la craie ; puis tenir compte de ses qualités plastiques, de sa résistance au feu, etc.

Lorsqu'on opère sur de grandes masses, ce n'est qu'un embarras relatif, que l'on retrouve d'ailleurs dans presque toutes les fabrications céramiques ; mais comme, en général, les préparations des pâtes se faisaient sur de petites quantités, on était exposé de ce chef à de fréquents accidents. Les marnes employées provenaient d'Argenteuil, d'Épinay, de Bagneux ou de la montagne d'Écouen. La pâte la plus dure et la plus blanche s'obtenait, d'après Hellot, avec la moindre quantité de marne (6,25 % pour 18,75 % de craie) ; en supprimant complètement la craie par l'emploi exclusif d'une marne très calcaire, la pâte était plus tendre et moins blanche.

La difficulté principale de la fabrication devait certainement être la préparation de la fritte. Les faits suivants montrent en effet combien elle était irrégulière.

Les analyses d'une ancienne fritte de 1760 ont donné pour sa composition les chiffres suivants :

Silice	89.60
Alumine et fer.	1.50
Chaux.	3.00
Magnésie.	0.12
Alcalis.	6.00

Lorsqu'en 1852 et en 1853, Regnault chercha à reprendre la fabrication de la pâte tendre, il adopta les dosages d'autrefois. Ses frittes furent broyées et mélangées à la craie et à la marne dans les proportions et avec les précautions qu'indiquaient les anciennes recettes ; mais lorsqu'on essaya les pâtes ainsi préparées, on n'obtint que de mauvais résultats.

L'analyse que Salvétat fit alors des frittes donna les chiffres suivants :

	Fritte de 1852.	Fritte de 1853
Silice.	91.30	85.10
Alumine et fer	1.20	1.00
Chaux	2.50	2.50
Magnésie	0.12	0.30
Alcalis	4.88	11.10

On voit la différence énorme qui existe entre ces deux frittes, préparées cependant d'une façon identique, combien aussi elles sont éloignées du type de 1760, et l'on comprend dès lors que les résultats aient été inconstants avec de pareilles divergences.

La cause de ces irrégularités ne nous paraît pas douteuse : selon que la température est plus ou moins élevée, il y a une volatilisation plus ou moins grande des alcalis. Pour la même raison, la combinaison de la silice et des bases est plus ou moins parfaite et les broyages ou les lavages enlèvent des quantités variables de potasse et de soude ; enfin, comme la fritte n'est pas une matière fondue, mais simplement agglomérée, l'épluchage doit être une nouvelle cause d'irrégularité. Les analyses suivantes, faites sur trois échantillons prélevés dans une même fritte, montrent en effet qu'elle est loin d'être homogène :

Silice	75.50	85.30	93.50
Alumine et oxyde de fer.	0.70	0.75	0.75
Chaux et magnésie	0.10	0.45	0.50
Alcalis	22.76	12.98	4.40
Perte	0.64	0.52	0.85

Pour obvier à ces inconvénients, Regnault a bien cherché à préparer des silicates de composition constante, en opérant par fusion totale ; il s'est servi également, comme élément principal, de roches naturelles, comme le feldspath, mais ces essais ne paraissent pas avoir donné de résultats favorables.

Nous venons de voir combien il était difficile d'obtenir, avec les matières et les dosages employés au siècle dernier, une fritte de composition constante. Une cause d'irrégularité non moins grande provient de l'altérabilité de ce produit : lorsqu'on soumet la fritte à des lavages successifs, on constate que l'eau enlève des quantités considérables d'un silicate très alcalin, renfermant des proportions d'alcalis beaucoup plus élevées que celles de la masse non dissoute ; selon donc que ces lavages sont plus ou moins parfaits, on a comme produit final un résidu variable, qui renfermera d'autant moins d'alcali que les lavages auront été plus prolongés ou effectués à une température plus élevée.

Le peu de stabilité de ces silicates détermine un autre genre d'accident dû à l'action de l'acide carbonique de l'air : sous l'influence de cet agent atmosphérique, il se forme des carbonates alcalins qui, par effflorescences et végétations, se séparent peu à peu de la masse, à tel

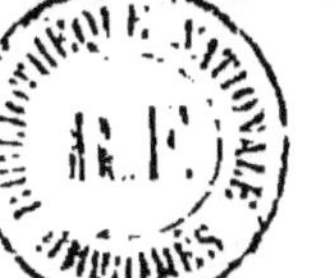

point qu'une pâte préparée en 1855, et dont la composition avait été reconnue normale, se trouva, lorsqu'à la suite d'accidents de fabrication on l'analysa de nouveau en 1862, ne plus renfermer du tout d'alcalis.

Cette altérabilité est telle, que l'on a pu constater des différences considérables dans la composition de la pâte de mêmes pièces de porcelaine ; il est probable que ces pièces, après leur façonnage, étaient restées, selon la coutume, exposées à l'air pendant un temps assez long et que, dans cet intervalle, elles avaient séché inégalement, de sorte que, par capillarité, les parties solubles s'étaient accumulées d'un côté. L'analyse démontra que la composition de la pâte était complètement modifiée : on y trouva 22 à 23 % de chaux, au lieu des 16 à 18 % qui y avaient été introduits, et d'autre part la teneur en alcalis était descendue à 3,5 %.

Tous ces inconvénients, inhérents à la nature même de la fritte, ont été constatés dès l'origine de la fabrication. Pour y remédier dans une certaine mesure, on préparait les mélanges à Vincennes par petites quantités, de façon à les obtenir aussi homogènes que possible ; le sable et les alcalis mieux mélangés se combinaient plus aisément, et Hellot était arrivé ainsi à obtenir des produits qui, après un même nombre de lavages à chaud et à froid, avaient une composition régulière, et qui ne donnaient plus d'efflorescences salines.

Plus tard, lorsque la fabrication devint moins empirique, on chercha à lui appliquer les règles établies par Brongniart pour la porcelaine dure ; on vérifia par l'analyse la composition de toutes les matières, et on fut amené ainsi à préparer des frittes de *correction*, dont le but était de compenser les différences accusées par l'analyse, par des additions qui devaient ramener les produits au type voulu. Il ne semble pas que ces méthodes aient été très avantageuses, car, comme nous l'avons déjà dit, la porcelaine tendre n'a plus été fabriquée couramment à Sèvres, depuis le commencement de ce siècle.

Les difficultés résultant de la préparation de la pâte n'étaient pas les seules qui rendissent si délicate la fabrication de la porcelaine tendre.

Le façonnage était très pénible. Comme on l'a vu, le pâte la plus belle ne renfermait que 6,25 % de marne qui, elle-même, ne contenait que 20 à 25 % d'argile. La pâte en définitive avait donc une teneur en argile de 1,25 à 1,56 % ; elle était très peu plastique, et bien qu'on remédiât à ce défaut par l'addition de matières agglutinantes, elle n'en restait pas moins très difficile à façonner.

La cuisson présente aussi des difficultés très sérieuses, auxquelles il nous paraît d'ailleurs qu'on ne pourra jamais remédier qu'en partie. En effet, comme on l'a vu par la composition de la pâte, elle renferme les éléments d'une sorte de verre ; entre le moment où la vitrification commence, où la masse est pâteuse, et celui où la fusion est complète, il s'écoule un temps assez court; comme les matières réfractaires sont en très petites quantités, elles ne peuvent que dans une faible limite jouer le rôle qu'elles jouent dans la porcelaine dure, c'est-à-dire maintenir les pièces et s'opposer à leur déformation.

Pour obvier à ces inconvénients, on a recours à des supports qui soutiennent les objets à cuire, et les emboîtent souvent complètement ; mais il n'était pas rare, malgré ces précautions, de trouver au défournement des pièces affaissées ou fondues. La cuisson doit toujours être menée avec une très grande lenteur, de façon à rendre le cuiseur plus maître de son feu, qu'il doit pouvoir arrêter presque instantanément, au moment voulu; autrefois, elle durait quatre-vingt-dix, cent, et même cent vingt heures.

L'une des grandes difficultés de la cuisson consiste à éviter *l'enfumage* des pièces. On sait que les gaz qui se trouvent en contact avec des substances poreuses, comme la terre à porcelaine, sont absorbés et en quelque sorte condensés par elle; lorsqu'on élève la température, ils finissent par se dégager; mais si la vitrification a lieu avant qu'ils aient pu s'échapper, ils restent emprisonnés dans la masse. S'ils sont riches en carbone, et si l'atmosphère n'est pas assez oxydante pour que leur combustion soit complète, la pâte enferme dans sa masse vitrifiée du carbone qui la colore en gris; on dit alors qu'elle est enfumée. C'est une tare sans remède qui enlève toute valeur aux pièces; le vernis et les émaux colorés qu'on emploie pour décorer la porcelaine renferment en effet du plomb ou d'autres métaux réductibles ; dans le cas de l'enfumage, ils noircissent donc en tachant le blanc de la porcelaine et en altérant toutes les couleurs.

Il faut, pour s'opposer à l'enfumage, prendre toutes les mesures nécessaires pour que la combustion des gaz soit complète, que la flamme soit oxydante avant d'entrer dans le laboratoire où se trouvent les pièces. A cet effet, on faisait autrefois circuler les gaz sous une voûte, où les produits de la combustion se mélangeaient intimement avec l'air, et on avait soin, à la fin de la cuisson, d'écarter sur les alandiers les bûches des parois du four, pour y laisser pénétrer un grand excès d'air.

Comme on le voit, la fabrication de la porcelaine tendre est entourée d'une série de difficultés de tous genres. Lorsqu'on est arrivé par l'étude à s'en rendre compte, et qu'on se reporte par la pensée à l'époque où elle fut créée, on est pénétré de respect pour les savants qui ont triomphé de ces obstacles. Il fallait en vérité une forte dose de volonté et de persévérance, une finesse d'observation bien remarquable, pour créer, sans les puissantes ressources de l'analyse, une fabrication qui excite encore aujourd'hui notre admiration jalouse et qui, malgré les facilités de toute nature que possèdent les savants modernes, reste pour eux une sorte de problème et comme un véritable défi.

— 20 —

Les analyses qui ont été faites de la porcelaine tendre ne peuvent guère servir de bases aux recherches; voici, en effet, les chiffres obtenus par Salvetat dans l'analyse de pâtes crues et de pâtes cuites. (Ces deux séries ne doivent pas être comparées, les matières étant de provenances et d'époques différentes.)

Pâtes tendres crues.

	SILICE	ALUMINE	OXYDE DE FER	CHAUX	MAGNÉSIE	POTASSE	SOUDE	PERTE AU FEU
Sèvres, ancienne fabrication	70,10	2,31	»	11,77	traces	5,32		10,50
Sèvres	67	3,50	»	11	0,16	2,60	1	10,40
Sèvres	68,73	2	»	12	traces	3,27	3,60	10,40
Saint-Amand .	67,10	2,25	1.10	13,50	traces	0,39	6	8,75

Pâtes tendres cuites.

	SILICE	ALUMINE	OXYDE DE FER	CHAUX	MAGNÉSIE	ALCALIS	PERTE AU FEU
Sèvres.	72	3	»	13	traces	8,10	2
Sèvres.	76	3	»	15,60	»	6	»
Sèvres.	78,36	4	»	12,73	»	6,46	»
Saint-Amand.	77,30	7,10	»	10,11	»	5	»

Comme on le voit, les produits analysés sont bien différents. La porcelaine tendre n'est donc pas une matière définie ; sa composition peut varier dans des limites assez étendues, et il nous a paru plus logique d'abandonner l'idée de reproduire l'un ou l'autre de ces types et de préparer simplement une matière dont les propriétés fussent celles qui font rechercher la porcelaine tendre.

Ces caractères sont les suivants : la pâte doit être d'une belle transparence laiteuse ; le vernis plombifère doit s'y fixer avec une glaçure parfaite et sans tressaillures ; les couleurs dites de pâte tendre doivent s'incorporer à ce vernis ; enfin, nous avons considéré comme caractéristique la propriété d'admettre sans tressaillures et avec tout son éclat le magnifique émail connu sous le nom de turquoise. Cet émail est un silicate alcalin de plomb et de cuivre; sa composition est bien déterminée et on ne peut faire varier les rapports des éléments qui y entrent que dans de faibles limites ; c'est donc un produit qu'on peut considérer comme à peu près immuable, et puisqu'il est une des splendeurs de la vieille porcelaine tendre, il faut, ne pouvant changer la composition du turquoise, faire varier celle des pâtes jusqu'à ce qu'on en trouve une qui l'accepte.

La préparation de la pâte tendre se résume en ceci : trouver un mélange vitrifiable, composé de silice, de chaux et d'alcalis, auquel il faut donner la plasticité nécessaire pour les opérations du façonnage et un degré de résistance au feu suffisant pour que les pièces ne se déforment pas pendant la cuisson. Dans l'ancienne fabrication, le mélange vitrifiable est représenté par la fritte, l'élément plastique et résistant par la marne.

Des observations qui précèdent relativement à l'ancienne fabrication on peut tirer les conclusions suivantes :

1° La fritte est de composition trop variable; 2° elle est trop altérable; 3° la pâte manque de plasticité; 4° elle se déforme trop facilement pendant la cuisson.

Pour obvier aux deux premiers inconvénients, il nous a semblé qu'il fallait remplacer la fritte par une composition bien définie, et dont les éléments fussent combinés de telle sorte que l'action de l'eau et de l'air fût réduite à son minimum : l'emploi d'une roche naturelle ou de verres fondus parut s'imposer. Des premiers essais tentés il résulta que la quantité d'alcalis introduite dans la pâte devait osciller entre 4 et 6 % et que la proportion d'alumine ne devait pas dépasser 3 à 4 % ; au delà de ces limites, la pâte devient trop fusible dans le premier cas; elle ne supporte plus le turquoise dans le second.

L'emploi du feldspath, auquel nous avions pensé tout d'abord, ne nous a pas paru possible dans ces conditions ; en effet, cette roche renferme au maximum environ 17 p. de potasse pour 18,5 p. d'alumine, et, comme il faut dans la pâte environ 4 % d'alcalis, on voit qu'en ayant recours au feldspath pour les fournir, on apporte en même temps une teneur en alumine de plus de 4 %, qui dépasse la proportion voulue. D'autre part, en prenant ainsi toute l'alumine dans le feldspath, on se prive de la possibilité d'ajouter à la pâte l'argile, qui est la seule matière plastique connue.

Les tentatives qui ont été faites pour introduire les alcalis dans la pâte au moyen de substances insolubles riches en potasse ou en soude, comme la cryolithe, le fluosilicate de potasse, la crème de tartre, etc., ont donné des résultats négatifs.

L'emploi d'un silicate alcalino-calcaire s'impose donc. Après avoir passé en revue et expérimenté tous les silicates, qui, par leur composition et leur degré de stabilité paraissaient atteindre le but visé, nous nous sommes arrêtés au choix du verre suivant, dont la préparation a été indiquée par Stas :

Sable.................	77		Silice.................	77
Carbonate de soude .	8.50	Il renferme ..	Soude..	5
Salpêtre...........	16.50		Potasse.............	7.7
Craie.............	18.40		Chaux	10.3

C'est un verre extrêmement siliceux, assez riche néanmoins en alcalis, et dont la nature est telle que, réduit en poudre, il est très peu attaqué par l'eau.

Nous ne mentionnerons, parmi les essais que nous avons faits pour remplacer les autres éléments de l'ancienne formule, qu'une tentative qui paraît assez intéressante et qui serait à reprendre. Elle consiste dans la substitution à la chaux et à une partie du sable d'une quantité équivalente de magnésie, employée sous forme de stéatite. La porcelaine obtenue a un grain très fin et une assez belle transparence.

Nos premiers essais, faits avec le verre de Stas, le sable de Fontainebleau et la marne d'Argenteuil, nous ont montré qu'il était possible d'introduire dans la pâte une quantité de verre beaucoup plus faible que celle de la fritte employée naguère : cela tient à la teneur assez élevée de ce verre en alcalis. Au point de vue de la résistance des pièces à la déformation pendant la cuisson, c'est un avantage ; l'expérience prouve, en effet, que de deux pâtes ayant finalement et après cuisson la même composition centésimale, celle qui renferme le moins de matières frittées ou vitreuses avant la cuisson est la moins exposée à se déformer.

La limite à laquelle nous avons dû nous arrêter est de 27,5 %. Au-dessous de cette proportion, on est exposé à des accidents de deux natures différentes : 1° la porcelaine devient très fragile ; elle se fend ou éclate même pendant le refroidissement qui suit les passages en moufle nécessaires pour l'émaillage des pièces ; 2° pour compenser la diminution des alcalis, on serait obligé d'augmenter la proportion de la craie, ce qui multiplie les chances d'enfumage ; en effet, le dégagement d'acide carbonique produit par cette craie maintient la pâte dans un état de grande porosité ; de plus, la chaux ne se combine à la silice qu'à une température assez élevée, de sorte que le moment où la fusion commence et qui est celui où les gaz réducteurs ne sont plus absorbés est trop voisin de la fin même de la cuisson.

Nous remplaçons dans nos pâtes la marne par un mélange de craie et d'argile. Si l'on était certain d'avoir à sa disposition une marne bien blanche, de composition constante, cette matière serait préférable ; comme dans tous les mélanges fournis par la nature, les éléments y sont plus intimement unis ; de plus, la plasticité de la marne est supérieure à celle du mélange d'argile et de craie.

Il nous a paru prudent d'employer des matières absolument définies. A cet effet nous avons choisi la craie de Bougival et l'argile blanche de Dreux, séparée par décantation des substances étrangères qui l'accompagnent généralement ; c'est, de toutes les argiles celle qui donne à la pâte le plus de plasticité ; elle cuit à la vérité un peu gris, mais la quantité qu'on doit introduire dans la pâte n'est pas suffisante pour la colorer.

Elle ne doit pas, en effet, dépasser 7 à 10 %. Nous avons pu, à la vérité, augmenter cette dose jusqu'à 14 % dans une pâte composée de

Sable	40.36
Verre de Stas.	33.94
Craie	11.93
Argile de Dreux	13.77

et obtenir une porcelaine supportant le turquoise ; mais elle est un peu trop colorée en jaune et elle cuit à une température trop strictement limitée pour qu'on puisse en recommander l'emploi.

Après de longs tâtonnements, nous nous sommes arrêtés à la formule suivante, que nous avons définitivement adoptée :

Sable de Fontainebleau	49.02
Verre de Stas.	27.45
Craie	16.66
Terre de Dreux, blanche	6.86

correspondant à :

Silice	80.31
Alumine.	2.62
Chaux	13.27
Alcalis.	3.80

Malgré sa faible teneur en argile, les ouvriers de la manufacture ont trouvé qu'elle se façonnait bien, plus facilement que l'ancienne pâte tendre, et ils ont pu, avec des masses fraîches et qui n'avaient par conséquent point encore gagné la plasticité que les pâtes acquièrent en vieillissant, tourner et mouler des pièces relativement difficiles.

La cuisson a lieu aux environs de 1300° ; à cette température, la pâte n'est pas sujette à se déformer, si l'on prend les précautions usitées pour l'encastage et le supportage.

Le biscuit est bien blanc et d'une belle transparence ; il accepte très bien et sans tressaillures le turquoise, le vernis et les couleurs de pâte tendre.

Le grain de cette porcelaine n'est peut-être pas assez serré ; il serait sans doute avantageux d'y diminuer un peu la silice et d'y augmenter le verre de Stas : les circonstances ne nous ont pas permis de multiplier nos essais dans ce sens. Nous avons d'ailleurs pu obtenir déjà une certaine amélioration à ce point de vue, en augmentant dans le verre de Stas la proportion de la silice et en diminuant d'autant le sable ajouté à la pâte.

Quoi qu'il en soit, la pâte que nous venons d'indiquer remplit les conditions requises. L'expérience permettra, nous n'en doutons pas, de l'améliorer ; il nous suffit aujourd'hui d'avoir indiqué une méthode qu'il est permis d'appeler scientifique, puisqu'elle est basée sur les déductions logiques d'expériences précises faites avec des éléments bien définis.

Nous terminons cette note par quelques détails techniques.

Fabrication du verre. — La préparation du verre peut être réalisée dans les fours à porcelaine dure. Pour en obtenir rapidement une quantité un peu importante, nous avons eu recours à l'obligeance de M. Landier, propriétaire de la cristallerie de Sèvres, qui a bien voulu fondre nos mélanges dans un de ses fours.

Le verre parfaitement fondu doit être broyé très finement. Nous avons cru constater que le broyage à l'eau est préférable au broyage à sec opéré à l'aide du broyeur Alsing. Le verre broyé à sec a plus de tendance à se séparer par plombage des autres éléments de la pâte en suspension dans l'eau.

On peut faire sécher le verre après son broyage, et le conserver ainsi jusqu'à l'emploi, ou bien introduire dans un moulin une quantité connue de ce verre non broyé, et, lorsqu'il est broyé, ajouter dans le moulin les quantités convenables de sable, de craie et d'argile ; ce dernier procédé nous parait préférable. Quoi qu'il en soit, le mélange des matières indiquées doit être opéré dans un moulin, afin de l'obtenir aussi parfait que possible.

Encastage et cuisson. — Pour nos cuissons, les pièces ont été encastées dans les gazettes qui servent à la pâte dure. Les joints de ces gazettes ont été lutés, tantôt complètement, tantôt incomplètement : le résultat a été le même dans les deux cas.

Bien que notre nouvelle pâte nous ait paru mieux résister à la déformation que l'ancienne pâte tendre, nous avons cherché pour son supportage une matière peu déformable et subissant à la cuisson un retrait égal. Après avoir, dans ce but, essayé divers mélanges de marne et de sable, qui ont assez bien résisté, nous avons finalement trouvé préférable de nous servir pour cet usage de la pâte de « porcelaine nouvelle », qui se retraite sensiblement comme notre nouvelle pâte tendre.

Les points de contact des pièces et des supports doivent être terrés avec du sable fin ; l'alumine doit être proscrite absolument.

La cuisson doit être menée avec une extrême lenteur ; on évite ainsi le lustrage du biscuit et on est moins exposé à l'enfumage. D'autre part, avec une marche lente, on obtient dans le four une température plus uniforme, on a plus de latitude pour arrêter le feu.

Enfin la déformation et l'affaissement des pièces sont moins à redouter que dans une marche rapide pendant laquelle on peut être surpris par une trop brusque élévation de température.

Pour éviter l'enfumage, on doit avoir soin de laisser pénétrer dans les alandiers une quantité d'air supérieure à celle qui est nécessaire pour brûler tous les gaz réducteurs provenant de la distillation du bois.

Nos cuissons d'essai ont été opérées dans un petit four à flamme renversée d'un volume d'environ 3 mètres cubes. Bien que nous ayons ainsi obtenu des résultats satisfaisants, nous croyons que, pour une fabrication suivie, il y aurait avantage à se servir d'un four analogue aux anciens fours de Vincennes. Le mélange des gaz et de l'air, par conséquent la combustion des gaz réducteurs, nous semblent devoir être plus complets sous la voûte de pareils fours que dans l'intervalle qui existe entre le mur extérieur et le mur intérieur des fours à flamme renversée. Nous avons employé comme combustible exclusivement du bois de chêne pelard, soit en grosses bûches, soit fendu, suivant que nous marchions en petit ou en grand feu.

La durée de nos cuissons a été d'environ 40 heures, dont 32 heures de petit feu et 8 heures de grand feu ; il y aurait avantage à marcher encore plus lentement. Les charges en petit feu étaient espacées de demi-heure en demi-heure. Pendant le grand feu, nous avons constamment laissé entre la paroi du four et les bûches recouvrant l'alandier un intervalle d'au moins 10 centimètres, afin de provoquer une rentrée d'air considérable dans le four ; nous avons ainsi obtenu une ascension plus lente de la température et une atmosphère plus oxydante dans le four.

Lorsque les montres tirées du four nous paraissaient suffisamment cuites, nous retirions des alandiers toute la braise qu'ils contenaient puis nous lutions aussi bien que possible toutes les ouvertures des alandiers et du four. Les rentrées d'air étant ainsi à peu près nulles, le refroidissement s'opérait très lentement par rayonnement et conductibilité.

Lors du triage des pièces d'une fournée, il faut mettre impitoyablement au rebut toute pièce présentant des traces d'enfumage ; le vernis dont on les recouvrirait noircirait infailliblement à la cuisson, par suite de l'action sur l'oxyde de plomb des matières réductrices emprisonnées dans la pâte.

Les pièces qui ne paraîtraient pas parfaitement cuites doivent être recuites ; sinon elles seraient exposées à éclater en morceaux lors de leur passage en moufle pour l'émaillage.

Émaillage. — Le vernis qui nous a servi pour nos essais a la composition suivante :

Sable 36.98
Minium 38.44
Carbonate de soude sec 8.76
Salpêtre 15.82
————
100.00

Le turquoise a été préparé avec :

Sable 47.14
Minium 23.58
Carbonate de soude 11.79
Salpêtre 12.76
Oxyde de cuivre 4.71
————
99.98

Ce sont, à peu de chose près, les anciennes formules employées pour la pâte tendre ancienne.

Pour appliquer le vernis sur la porcelaine, il convient de suivre l'ancien procédé employé à Vincennes, c'est-à-dire d'opérer par aspersion ; on pourrait aussi probablement avoir recours à l'insufflation. On doit proscrire pour l'émaillage l'emploi de toute matière agglutinante, comme l'essence grasse de térébenthine, la glycérine ou la gomme ; le vernis, fondant avant qu'elles soient complètement brûlées, emprisonne des matières réductrices qui noircissent la pâte et la couverte.

On a observé que le ton du turquoise appliqué sur vernis blanc est plus beau que lorsqu'il est appliqué directement, sans intermédiaire, sur le biscuit.

Les premiers types de cette nouvelle fabrication ont été déposés au Musée céramique de la Manufacture de Sèvres.

IV

SUR LES BLEUS SOUS COUVERTE
PAR CH. LAUTH ET G. DUTAILLY.

Dans une note récente, M. Lauth a fait connaître la préparation et le mode d'emploi d'un émail de grand feu auquel il a donné le nom de bleu-noir et qui est destiné à la décoration *sur couverte* de la porcelaine dure de Sèvres.

Le travail que nous présentons aujourd'hui est le résumé des expériences entreprises, au cours des dernières années, pour réaliser la fabrication du bleu *sous couverte*.

Le décor en camaïeu bleu sous couverte remonte chez les Chinois à l'origine de la fabrication de la porcelaine. Il a été considéré de tout temps par eux comme le plus beau type de décoration; aussi leurs vases les plus précieux, ceux qui sont destinés aux grands personnages ou réservés aux pratiques religieuses, sont-ils généralement ornés par ce procédé; les emblèmes, les figures allégoriques, les inscriptions de toute nature que nous voyons sur ces vases, sont obtenus avec le bleu sous couverte. La destination élevée à laquelle ils sont réservés a tenté l'imagination des meilleurs artistes chinois; certaines de ces pièces sont exécutées avec une perfection et une délicatesse admirables.

Ce n'est pas, bien entendu, seulement à ces objets précieux qu'est limité l'emploi du bleu; on le trouve sur presque toutes les porcelaines orientales, où il n'est pas rare de le voir combiné aux émaux, aux blancs de rehaut, aux craquelés, etc.

Le bleu sous couverte a été naturellement l'objet de nombreuses recherches en Europe; la Manufacture de Sèvres, notamment, a, fréquemment et non sans succès, entrepris cette fabrication.

Salvetat écrivait, en 1857 :

« On a tout récemment appliqué sur la porcelaine de Sèvres ce genre de décoration, et la dernière exposition à Paris des manufactures nationales, celle des mêmes établissements à Hyde-Park, à Londres, en 1851, ont offert des pièces remarquables, d'un effet tout nouveau et d'une grande harmonie...

» Les peintures de ce genre, exécutées jusqu'à ce jour, l'ont été sur la porcelaine dégourdie, c'est-à-dire poreuse et absorbante. Pour obvier à la porosité et la détruire, on applique, au pinceau, sur la partie qu'on veut décorer, une couche mince de vernis et l'on fait sécher... On peint sur cette couche de vernis avec assez de facilité pour faire les peintures les plus délicates et les plus soignées... Quand la peinture est fixée, on la laisse sécher, puis on la passe au moufle pour détruire le vernis qui empêcherait la couverte de prendre également sur la pièce... La pièce doit être cuite dans le four au grand feu, bien encastée, dans de bonnes cazettes... La peinture, qui était noire entre les mains de l'artiste, sort du four d'un bleu très agréable, uniformément glacé... »

Aux diverses expositions qui se sont succédé depuis 1857 jusqu'en 1885, la Manufacture de Sèvres a constamment présenté un certain nombre de pièces décorées en bleu sous couverte, quelques-unes du plus grand mérite.

Mais il suffit de jeter les yeux sur ces porcelaines et de les comparer à celles de l'Orient, pour constater combien elles diffèrent les unes des autres. La décoration des Chinois et des Japonais est d'une netteté parfaite; les contours des figures, les linéaments les plus délicats des lettres de leurs inscriptions apparaissent avec une pureté absolue; l'œuvre de l'artiste y est respectée jusque dans les détails les plus fins. Rien de pareil sur nos porcelaines: les contours sont nuageux; le dessin paraît vague; si l'on rencontre parfois des effets puissants dus à l'habileté de main d'artistes hors ligne, tout montre que ce résultat n'a été obtenu qu'au prix de grands efforts et qu'il est dû au choix de compositions où la netteté et la correction du dessin sont inutiles.

Quant aux tons, ils ne se ressemblent pas davantage : les couleurs des Orientaux sont d'une grande variété, allant du bleu de ciel aux violets et aux bleus gris; celles des fabriques européennes sont d'un bleu violeté uniforme, très riche lorsqu'il est intense; grisâtre, terne et pauvre dès qu'il est atténué.

Nous ne parlons que pour mémoire de la valeur du blanc de la porcelaine, si différent, lui aussi, dans les deux matières : le blanc des Orientaux est toujours teinté et les bleus, sous ces couvertes colorées, prennent une douceur très harmonieuse; les porcelaines européennes sont au contraire d'un blanc pur, exigé par le public des consommateurs, mais qui nous paraît froid et qui donne au décor une certaine dureté.

L'intérêt que nous voyions à doter la palette de Sèvres de ces beaux bleus de Chine nous a engagés à rechercher leur nature, leur composition et leur mode d'application.

Nos premières expériences ont été faites sur la porcelaine dure ordinaire de Sèvres. Nous avons appliqué sur la pâte crue et sur la pâte dégourdie les diverses combinaisons du cobalt qu'on emploie d'ordinaire en céramique, c'est-à-dire, l'oxyde, l'aluminate, le silicate, le phosphate, l'arséniate de cobalt, le mélange fritté d'oxyde de cobalt et de pegmatite (bleu de Sèvres), etc.; ces échantillons ont été mis en couverte (pegmatite) et cuits au grand feu, tantôt dans un milieu oxydant, tantôt dans un milieu réducteur. Le résultat a été identique dans tous les cas : le ton obtenu est d'un bleu violet sans éclat; la couleur, de plus, est entourée d'une auréole qui enlève toute netteté aux traits.

Avant d'aller plus loin, nous avons cherché à bien établir la nature de la matière colorante employée par les Chinois. A cet effet, nous avons dépouillé, aussi bien que possible, des porcelaines de leur couverte et enlevé la couleur ainsi mise à nu; les analyses que nous en avons faites avec le soin le plus grand n'ont accusé que la présence du cobalt, et, pour certains échantillons, du cobalt associé au manganèse, fait prévu d'après les travaux antérieurs, qui ont montré que les cobalts employés en Chine sont manganésifères.

Nous avons eu alors l'idée d'examiner l'influence de la cuisson dans les fours de Sèvres sur les porcelaines orientales décorées en bleu.

Dans ce but, nous avons juxtaposé des fragments de vases chinois et nos propres échantillons ; le tout a été cuit dans les conditions ordinaires de la fabrication de Sèvres, au feu oxydant ainsi qu'au feu réducteur. Au sortir du four, on a constaté que les porcelaines de Chine avaient exactement le même aspect violâtre et nuageux de nos échantillons.

Il nous a paru démontré dès lors que, dans les conditions ordinaires de la fabrication et de la cuisson de la porcelaine dure de Sèvres, le bleu sous couverte des Chinois ne pourrait être obtenu : tous les composés cobaltiques sont transformés en un silicate violâtre, par l'action de la couverte sur ces composés, cette transformation étant due à l'élévation ou à la prolongation de la température dans nos fours. C'est aussi à l'élévation de la température qu'il faut attribuer les zones nuageuses autour des traits : elles sont le résultat d'un véritable transport de la matière colorante, qui fuse en s'étalant dans la couverte.

Ces expériences confirment les appréciations formulées depuis longtemps par les savants, qui ont attribué les différences constatées dans les procédés de décoration des Chinois et des Européens aux différences existant dans la nature de leurs porcelaines. Ebelmen et Salvetat ont montré en effet, il y a trente ans déjà, que les porcelaines de Chine cuisent à une température moins élevée que celles de France.

La suite de ces recherches montrera que la température joue un rôle capital dans l'obtention des bleus sous couverte ; mais on verra aussi que cette considération n'est pas la seule dont il faille tenir compte ; la nature de la couverte elle-même exerce également une influence importante sur le résultat obtenu.

Nos premiers essais sur la porcelaine dure, en démontrant la cause des différences qui existent entre les bleus de Chine et ceux d'Europe, font ressortir la nécessité d'avoir à sa disposition une autre matière ; la « porcelaine nouvelle » que fabrique Sèvres depuis 1880 a été l'objet de nos essais ultérieurs.

Quelques mots sur cette « porcelaine nouvelle » sont indispensables ici.

On sait que, depuis les recherches classiques d'Ebelmen et Salvetat, diverses tentatives ont été faites pour introduire en Europe la préparation d'une matière analogue à celle des Chinois, plus siliceuse que la porcelaine européenne. Salvetat, notamment, poursuivit pendant de longues années la réalisation de cette idée, et le musée de Sèvres conserve précieusement les résultats remarquables de ses expériences.

M. Lauth reprit à la Manufacture de Sèvres l'étude de ces questions, et il y créa définitivement, en collaboration avec M. Vogt, la fabrication de la porcelaine nouvelle.

La question fut agitée, au moment de l'apparition du nouveau produit, de savoir s'il conviendrait de faire connaître les détails de sa préparation. M. Lauth, se faisant l'interprète des réclamations présentées à ce sujet par les industriels français, sollicita de l'Administration supérieure l'examen de cette affaire; il fut décidé que les procédés découverts à Sèvres seraient momentanément réservés aux fabricants français qui en feraient la demande, et M. Lauth, administrateur de la Manufacture Nationale, fut autorisé à les leur communiquer.

Nous ne nous considérons donc pas aujourd'hui comme étant en situation de donner sur cette fabrication des détails circonstanciés; MM. Lauth et Vogt les ont d'ailleurs publiés dans une brochure spéciale imprimée en 1885 et qui a été offerte aux industriels français. Nous ne signalerons ici que les points nécessaires à l'intelligence de notre sujet.

La fabrication de la porcelaine nouvelle a pour but de produire une matière analogue à celle de la Chine, qui présente, au point de vue des émaux et des couleurs, des avantages marqués sur celle de Sèvres.

La pâte dure de Sèvres (cuite) renferme :

Silice	58
Alumine	34.5
Chaux	4.5
Potasse	3
	100

La pâte de Chine (cuite) renferme environ :

Silice	70
Alumine	25
Potasse et soude	5
	100

Comme on le voit, la différence réside dans les points suivants : la porcelaine de Chine renferme moins d'alumine, beaucoup plus de silice; de plus elle est exclusivement alcaline, elle ne renferme pas de chaux comme celle de Sèvres.

La pâte nouvelle renferme :

Silice	64.03	71
Alumine	28.92	23
Soude et potasse	7.05	6
	100	100

On emploie l'un ou l'autre de ces dosages selon la nature des pièces à fabriquer.

Une pâte pareille nécessite naturellement une couverte spéciale.

Voici la composition des couvertes (cuites) de Sèvres et de la Chine, ainsi que de celle qui a été adoptée pour la porcelaine nouvelle.

	Porcelaine dure de Sèvres (1884).	Porcelaine de Chine.	Porcelaine nouvelle.
Silice	70.64	68	66.56
Alumine et fer	17.60	12	14.23
Chaux	1.31	14	15.51
Potasse et soude	9.39	6	3.59
Eau et matières volatiles . . .	0.34	»	»
	99.28	100	99.89

La cuisson de cette porcelaine a lieu aux environs de 1350 degrés, le point de cuisson de la porcelaine dure de Sèvres étant un peu supérieur à 1500 degrés.

Il était vraisemblable qu'en raison de cette différence le bleu sous couverte serait plus fixe sur la nouvelle matière ; l'expérience a été faite avec la série des divers composés de cobalt indiqués plus haut, que nous avons complétée en essayant aussi le smalt, le cæruleum, des aluminates plus ou moins riches en alumine, avec des additions de fer ou de manganèse.

On a constaté qu'en effet, dans ces conditions de température, l'aluminate et le silicate de cobalt donnent des bleus sous couverte d'une fixité suffisante, et qu'on obtient un ton très satisfaisant avec un aluminate de cobalt renfermant 15 % d'oxyde de cobalt et 4,5 % d'oxyde de manganèse.

Un certain nombre de pièces furent décorées par ce procédé et présentées aux Expositions de 1884 et de 1885. Voici ce qu'en dit M. du Sartel, dans son rapport officiel rédigé au nom de la Commission de perfectionnement de la Manufacture de Sèvres.

« On sait que le bleu de Sèvres de grand feu efflue toujours, pendant la cuisson, sur le blanc avoisinant de la porcelaine. Ce grave inconvénient privait les artistes de la Manufacture des ressources qu'offrent les peintures en camaïeu bleu sous couverte dont l'art chinois montre de si merveilleux exemples.

» Cette lacune dans les moyens dont ils disposaient se trouve aujourd'hui comblée par la découverte d'un nouveau bleu qui a servi à la décoration de plusieurs des vases que nous allons citer...

» Ce bleu ne s'étend pas au delà des limites que lui a assignées le pinceau, et les plus fins contours, comme les traits les plus déliés, restent d'une netteté parfaite ; cette qualité, d'une importance capitale pour les peintres, lui a valu, dans les ateliers de Sèvres, la dénomination de bleu fixe.

» La Commission a constaté avec plaisir cette acquisition nouvelle. »

La question paraissait donc résolue, du moins en ce qui en concerne le côté technique, mais depuis cette époque et à diverses reprises, le bleu fixe ne parut plus avoir les mêmes qualités de beauté et de fixité. Ce fait coïncida avec l'introduction, dans la constitution de la pâte, de diverses modifications qui en avaient élevé le point de cuisson ; nous fûmes donc dans l'obligation de reprendre complètement cette étude, afin d'établir, sur des bases plus précises, une fabrication à laquelle il nous paraît qu'un grand avenir est réservé.

Nous occupant d'abord de la matière colorante elle-même, nous cherchâmes à lui donner plus de stabilité en préparant des aluminates de plus en plus riches en alumine ; mais cette addition ne donna point de résultats satisfaisants. En employant un aluminate à 5 °/₀ d'oxyde de cobalt, on obtient à la vérité des traits nets d'un bleu non violacé, mais ce bleu n'a plus de transparence : il a l'aspect de la couleur que l'on obtient sur la porcelaine dure à l'aide du *bleu persan*. Par suite de ce défaut de transparence, il est impossible d'avoir, par des différences d'épaisseur, les dégradations de ton que réclame l'artiste ; l'aspect du bleu est d'ailleurs froid et tout à fait différent de celui des porcelaines chinoises.

L'état de la pâte sur laquelle le bleu est appliqué peut-il en modifier la nature ?

Des expériences, plusieurs fois répétées, prouvèrent qu'il n'en est rien : que l'on ait peint sur cru, sur dégourdi, sur biscuit, le résultat fut toujours le même. Mais elles nous firent connaître un fait nouveau : l'aluminate conserve son ton et sa fixité lorsqu'il est appliqué sur la pâte et non recouvert d'émail, tandis que, sous couverte, il violette et fuse ; il suffit, pour vérifier le fait, de peindre sur un fragment de porcelaine dont on émaillera seulement une partie.

C'est donc à la couverte elle-même que les accidents sont imputables ; il s'agit de rechercher dans quel sens il convient de la modifier.

Nous avions à ce moment entrepris des recherches (dont nous publions le résultat dans un mémoire spécial) sur la fusibilité des silicates multiples incolores qui, par leur composition, paraissent capables de servir de couverte pour une pâte de porcelaine. Toutes ces couvertes, de compositions des plus variées, ont été appliquées sur l'aluminate. Voici les résultats généraux de cette série d'expériences :

Les couvertes très calcaires nuisent à la pureté du ton du bleu et tendent à le faire violeter. Il en est de même des autres bases alcalino-terreuses, magnésie, strontiane, baryte ; mais l'altération du bleu est d'autant plus sensible que la base employée a moins d'affinité avec la silice ou se combine avec elle à plus haute température ; ainsi la baryte donne moins de violet que la magnésie ;

L'oxyde de zinc donne à l'aluminate un ton de bleu persan et le rend opaque;

Les bases alcalines sont plus favorables à la beauté du ton que les bases alcalino-terreuses;

Les couvertes les plus alumineuses sont celles qui conservent le plus de fixité au bleu.

Il résulte de là que le plus beau bleu serait obtenu en employant comme couverte un silicate très alumineux et exclusivement alumino-alcalin; malheureusement, de pareilles combinaisons sont exposées à tressailler avec la plus grande facilité, et l'addition des alcalis en proportion notable augmente encore cette tendance. D'autre part, des produits naturels comme la pegmatite et le feldspath, qui peuvent fournir les alcalis à une couverte, n'en renferment pas assez pour lui permettre de fondre et de glacer convenablement à la température de cuisson de la nouvelle porcelaine. Il faudrait donc introduire les alcalis à l'aide d'une fritte; or, l'expérience nous montra que l'emploi des frittes, qui sont assez altérables en général, est dangereux, et doit, par conséquent, être évité : nous avons préparé un certain nombre de couvertes dans ces conditions, nous avons même composé des pâtes spéciales, très riches en silice, pour les recevoir, et nous avons dû y renoncer.

Il fallut donc revenir à l'emploi de couvertes renfermant de la chaux.

Partant de la composition de la couverte ordinaire de porcelaine nouvelle, nous avons cherché à la modifier conformément aux données précédentes. Les mélanges suivants furent préparés dans ce but :

	1	2	3	4
Pegmatite	75.92	78.00	»	»
Sable	7.40	6.66	25.69	22.02
Craie	16.66	14.28	12.84	11.01
Feldspath	»	»	61.47	66.97

correspondant à :

	1	2	3	4
Silice	66.16	66.58	69.71	69.01
Alumine	14.75	15.06	13.44	11.52
Alcalis	9.01	9.20	9.18	9.92
Chaux	10.07	9.15	7.67	6.53

Le n° 1 et le n° 2 sont satisfaisants au point de vue du bleu, mais leur glaçure n'est pas parfaite; le n° 3 et le n° 4 n'offrent pas assez d'élasticité dans leur point de cuisson et ils s'altèrent quelquefois au feu de moufle.

De l'ensemble de nos recherches à ce moment, il nous parut résulter que les conditions les plus favorables étaient obtenues par l'emploi des couvertes qui ne glacent bien qu'au moment où la pâte est près d'atteindre son point de cuisson. Le raisonnement est ici d'accord avec les faits : si l'aluminate de cobalt est en contact prolongé, à une haute température, avec un silicate alcalino-calcaire en fusion, il est attaqué, et le produit de la réaction est le silicate violet de cobalt; c'est probablement ce qui arrive avec la couverte normale de porcelaine nouvelle, qui fond assez longtemps avant que la pâte elle-même soit cuite.

Nous avions vu également qu'une couverte renfermant une assez forte proportion d'alcalis et de chaux en doses à peu près égales est sujette à s'altérer, par suite probablement de la volatilisation à haute température d'une partie des alcalis déplacés par la chaux.

Nous avons donc cherché à préparer une couverte ayant le même point de fusion que la couverte (4), mais renfermant moins d'alcalis et le moins de chaux possible.

Cette diminution des alcalis peut être compensée par l'augmentation de la silice ou par celle de l'alumine; mais comme cette dernière aurait rendu la couverte trop dure, l'emploi de couvertes plus siliceuses s'est imposé. Il était à craindre que cette augmentation de la silice ne facilitât le développement du silicate de cobalt violet; fort heureusement l'expérience ne confirma pas cette crainte.

Un certain nombre de couvertes furent préparées d'après ces données; voici les plus intéressantes et celles qui ont donné les meilleurs résultats:

	5	6	7	8
Pegmatite	71.28	65.34	65.98	»
Sable	19.80	25.74	25.52	35.15
Craie	8.91	8.91	8.60	7.43
Feldspath	»	»	»	57.42

correspondant à :

	5	6	7	8
SiO^2	73.31	75.08	75.20	75.09
Al^2O^3	13.35	12.23	12.26	12.24
Alcalis	8.15	7.48	7.49	8.36
Chaux	5.19	5.19	5.05	4.32

Ce sont les deux derniers de ces mélanges auxquels nous nous sommes arrêtés; ils nous paraissent ne laisser rien à désirer, tant au point de vue de la beauté de la couverte, qu'à celui de la pureté et de la fixité du bleu.

En prenant les éléments purs (et ne renfermant que des traces d'oxyde de fer) dont on se sert d'ordinaire à Sèvres, on n'obtient naturellement, avec les mélanges que nous avons indiqués, qu'une couverte absolument incolore. Nous avons fait ressortir plus haut les qualités que présentent les porcelaines des Chinois, dont les couvertes sont, au contraire, presque toujours teintées, parce que les matériaux dont ils se servent renferment divers oxydes colorants; généralement ces colorations, très douces, sont dues à la présence du fer qui, dans les cuissons à feu réducteur, donne naissance au silicate verdâtre de protoxyde de fer.

Nous avons cherché à obtenir des effets analogues en ajoutant à nos couvertes de petites quantités de colcothar et d'oxyde de cobalt. Comme un simple mélange ne dissémine pas suffisamment dans la masse les particules d'oxydes, qui donnent alors naissance à des taches colorées, il est nécessaire de les fritter avec les éléments ; mais cette opération modifiant quelque peu la composition de la couverte, par suite du départ d'une portion des alcalis, il faut employer le tour de main suivant : on fritte, non plus la totalité de la couverte, mais un seul de ses éléments constitutifs, le sable. On prend 100 grammes de sable d'Aumont, on l'arrose avec une dissolution de 3 grammes d'oxyde de cobalt dissous dans l'acide nitrique et 200 grammes de sulfate de fer ; on évapore et on calcine fortement. Le sable coloré est porphyrisé et conservé pour l'usage.

Pour préparer les couvertes colorées, on substitue dans les formules 7 et 8 une certaine quantité du sable coloré au sable blanc, et l'on mélange intimement. On peut naturellement varier l'intensité de la couverte d'après la quantité employée ; avec 16 % de sable coloré, on obtient à peu près le ton des couvertes chinoises.

Quant à la préparation des matières colorantes, nous recommandons les procédés suivants.

Pour le *bleu de ciel*, nous employons un aluminate de cobalt pur. On dissout dans l'acide nitrique 350 grammes d'alumine hydratée renfermant 56 % d'eau et 100 grammes d'oxyde de cobalt ; à cette dissolution, on ajoute 50 grammes de salpêtre dissous dans l'eau ; on évapore et on calcine à fort feu. L'aluminate ainsi obtenu est broyé très finement et lavé à l'acide nitrique bouillant, afin de lui enlever l'alumine et le cobalt non combinés. Si l'on veut employer cet aluminate sous une couverte non teintée, il est bon de lui ajouter, pendant sa préparation, un peu d'oxyde de manganèse (de 25 à 30 % du poids de l'oxyde de cobalt) ; cet oxyde est, comme l'oxyde de cobalt, dissous dans un acide et mélangé à la dissolution de cobalt et d'alumine, que l'on traite ensuite comme nous venons de l'indiquer.

Pour faciliter l'emploi de l'aluminate, qui n'est point plastique et reste poudreux sur la porcelaine, même après un fort dégourdi, on peut l'additionner de 15 à 20 % d'argile plastique ; mais il est toujours préférable d'employer l'aluminate pur.

Pour le *bleu violacé*, nous nous servons de silicate de cobalt : on dissout dans l'acide nitrique 150 grammes d'oxyde de cobalt ; à cette dissolution concentrée on ajoute 340 grammes de sable porphyrisé ; on évapore à sec et on calcine au fort feu de porcelaine dure. La matière broyée est mélangée à de la tournassure de porcelaine dans les proportions suivantes :

Silicate de cobalt	190 parties.
Tournassures	680 —

Ces deux couleurs fondamentales peuvent être additionnées d'autres oxydes colorants, combinés à l'alumine ou à la silice, par exemple de manganèse, de fer, de nickel ou de chrome, etc., selon la nuance précise qu'on désire obtenir.

Telles sont les règles générales à observer pour la préparation des matières destinées à la fabrication des bleus sous couverte, et ici s'arrête le rôle du chimiste.

Il convient d'ajouter quelques mots sur l'emploi de ces couleurs : les procédés de fabrication sont assurément le point capital en ces questions, mais ils restent sans valeur si celui qui les emploie n'en sait pas tirer parti.

« Rien n'est plus difficile que d'exceller dans ce genre si simple en apparence, dit M. du Sartel dans son remarquable ouvrage sur la porcelaine de Chine. En vertu de ce grand pouvoir absorbant que possède la pâte crue, simplement séchée ou dégourdie, l'artiste est tenu à une extrême légèreté de pinceau ; il doit rendre son idée du premier coup ; la retouche est impossible ; le moindre arrêt de la main occasionne l'épaississement démesuré du trait, tout retour en arrière devient une tache ineffaçable. La réussite est donc au prix d'une longue pratique et d'une certitude de main extraordinaire, en même temps que d'un vrai talent, plein de décision et de fermeté, qualités d'autant plus nécessaires que le décalque est inconnu ou dédaigné dans les ateliers chinois. Chaque sujet, fût-il répété plusieurs fois, est donc bien une œuvre personnelle, douée d'un caractère original qui compense d'ailleurs largement les défauts de symétrie et de régularité absolue. »

L'emploi du bleu, au point de vue matériel, est des plus simples : on l'applique, délayé dans de l'eau à laquelle on ajoute un peu de gomme ou de glycérine, sur la porcelaine crue ou à la rigueur dégourdie ; mais il est de beaucoup préférable d'opérer sur le cru. Il faut avoir soin d'éviter toute épaisseur, qui entraînerait un aspect lourd et empâté ; les cernés et les traits donnent au bleu un caractère particulier qu'on retrouve en général sur les porcelaines orientales.

On peut faciliter aux artistes l'emploi des bleus sous couverte, en préparant les pièces, dégourdies, par le procédé suivant : on les enduit d'une ou de plusieurs couches d'essence grasse assez liquide pour que la porcelaine puisse l'absorber, et on peint, sur la terre ainsi recouverte de cette sorte de vernis, avec les couleurs délayées dans de l'essence. Cette façon d'opérer permet d'employer les bleus sous couverte d'une manière plus régulière, et de les étendre avec facilité comme les couleurs ordinaires sur porcelaine. Mais le résultat nous paraît bien inférieur à l'autre : la décoration est plus lourde, fréquemment empâtée ; elle n'a ni le charme, ni l'imprévu, ni cette irrégularité aimable des peintures orientales qui ne permettent pas de supposer que l'artiste se soit servi de poncifs.

L'émaillage doit se faire sur cru, à l'insufflateur ; il est cependant possible d'émailler au trempé comme on le fait d'ordinaire en Europe pour la porcelaine. Il faut alors, bien entendu, dégourdir les pièces ; pour le cas où l'on se serait servi dans la décoration du second procédé, ce dégourdi est nécessaire, puisque la couverte ne prendrait pas sur les pièces préparées à l'essence.

La cuisson se fait sans précautions spéciales et avec les autres porcelaines. Il est bon de mettre les bleus dans un milieu de pile, au centre du four, et de bien observer, dans les premières cuissons qu'on tentera, la température qui donne les meilleurs résultats : un feu trop faible laisse la couverte voilée et un peu opaque ; un feu trop fort peut altérer la beauté du ton. Une atmosphère réductrice paraît avantageuse.

Ainsi que nous l'avons dit, la Manufacture de Sèvres a présenté aux Expositions de 1884 et de 1885 un assez grand nombre de pièces décorées en bleu sous couverte. Nous avons déposé au musée céramique de Sèvres les types divers de cette fabrication ; ils pourront servir de témoins dans l'histoire du développement que notre établissement national a donné aux arts céramiques en Europe.

Appliquée soit à l'ornementation des vases, soit à celle des pièces dites de service, la peinture en camaïeu bleu sous couverte fournit un élément nouveau de décoration ; on peut en tirer divers partis : soit l'employer seule, soit l'associer à la gravure sur cru, aux craquelés ou aux émaux de grand feu et de moufle. Il est permis d'espérer qu'on mettra ces ressources à profit, et que l'imagination toujours en éveil de nos artistes créera avec ces procédés orientaux des produits tout à la fois originaux et français.

V

SUR LES ROUGES DE CUIVRE, LES FLAMMÉS ET LES CÉLADONS,
PAR CH. LAUTH ET G. DUTAILLY.

On désigne sous le nom de *flammés* et de *rouges de grand feu* des couleurs et des couvertes colorées qu'on obtient sur la porcelaine au moyen du cuivre et de ses dérivés ; cette désignation les distingue des rouges produits avec l'oxyde de fer, qui ne supportent que les feux de moufle.

Les porcelaines provenant de la Chine et décorées à l'aide du cuivre ont des aspects très variés : tantôt elles sont recouvertes uniformément d'une couverte rouge opaque ; tantôt, au contraire, la couverte est d'un rouge transparent très brillant, qui prend à la lumière artificielle une puissance et un éclat admirables. A côté des vases rouges d'une teinte plus ou moins unie, nous trouvons ceux auxquels on donne plus généralement le nom de *flammés* ou flambés : l'émail, au lieu d'être d'une couleur uniforme, est veiné de taches, passant du rouge à toutes les variétés de violet, de bleu et même de vert, intimement fondues les unes dans les autres et mélangées avec des aspects bizarres et imprévus, d'un charme et d'une saveur inexprimables. Ces couvertes sont presque toujours craquelées. Enfin, sur certains objets beaucoup plus rares, on trouve le rouge de cuivre employé comme une couleur ordinaire avec laquelle on peint des ornements, des fleurs, des animaux, etc.; dans ce cas, il apparait généralement sous la forme de traits ou de hachures d'un rouge opaque; quelquefois la couleur, au lieu d'être d'un beau rouge, n'a plus qu'un vilain ton brun noir, et les traits au lieu d'être nets sont entourés d'une auréole. Ces rouges *en décoration* sont souvent accompagnés de bleus sous couverte.

Historique. — Il y a plusieurs siècles déjà, les Chinois connaissaient cette fabrication; mais il est probable qu'elle était purement empirique chez eux, car ils en ont perdu les procédés à diverses époques, pendant de longues périodes, et notamment lorsqu'ils changeaient de matières premières. A la fin du siècle dernier, la Manufacture impériale de King-te-Tchin était néanmoins en pleine possession de ces « secrets »; mais ils furent perdus de nouveau, et il semble qu'il en soit encore ainsi à l'heure actuelle, du moins en ce qui concerne les belles couvertes transparentes d'autrefois.

Nous lisons en effet dans le Rapport adressé à M. le Ministre de l'Instruction publique et des Beaux-Arts, par M. Scherzer [1] la phrase suivante :

« Le rouge de cuivre Tsi-houng ou *sang de bœuf*, si apprécié des amateurs, ne se fait plus depuis la mort du dernier possesseur du secret de la fabrication ; il y a vingt ans que l'administration de la Manufacture impériale s'est fait excuser, dans un rapport au trône, de ne pouvoir exécuter une commande de vases à couverte Tsi-houng qui avait été faite par Sa Majesté. »

Et plus loin :

---

[1] Le regretté M. Scherzer, vice-consul de France en Chine, visita en 1882 King-te-Tchin, d'où il apporta un mémoire plein d'intérêt et des échantillons de diverses natures.

Ce mémoire, répondant à un questionnaire que j'avais été chargé par le Ministère de rédiger, me fut communiqué en 1883 et les échantillons me furent remis à la fin de la même année. En le renvoyant à M. le Ministre de l'Instruction publique, je l'avisai de mon intention de faire un examen complet des notes et des produits de M. Scherzer, dès que les travaux que j'avais entrepris avec mes collaborateurs sur la porcelaine nouvelle seraient terminés. Cette étude a été interrompue par mon départ de Sèvres. — CH. LAUTH.

« Une seule famille prétend posséder le secret de la fabrication d'un rouge Kun-houng; mais cette couverte à l'aspect vitreux est souvent trop épaisse et offre rarement une teinte égale. »

La composition de l'émail rouge de grand feu est toujours restée secrète ; les formules qui ont été données et que nous retrouvons dans les lettres du Père d'Entrecolles sont des plus obscures et ne méritent qu'une confiance restreinte. Il en est de même de celle qu'a envoyée M. Scherzer, d'après laquelle l'émail rouge serait plombifère et renfermerait, outre le cuivre, divers produits complexes dont il a envoyé des échantillons.

Est-il besoin d'ajouter que tous ces renseignements n'ont et ne peuvent avoir de valeur que s'ils complètent les données de l'ensemble d'une fabrication ? Il est certain que ces couleurs sont obtenues avec du cuivre, mais à quoi sert la connaissance de ce fait, à quoi servira même la connaissance exacte de la composition de l'émail, si l'on ne possède pas en même temps les détails les plus circonstanciés sur la nature de la pâte à laquelle il est destiné, sur sa couverte, sur la température et le mode de cuisson, etc.? En céramique, tout se lient et s'enchaine; un détail isolé ne peut servir à grand'chose.

Les premiers essais faits en France pour reproduire les rouges de cuivre au grand feu sont dus à Ebelmen et Salvetat, qui les ont décrits en détail dans leur « *Troisième Mémoire sur la composition des matières employées dans la fabrication et dans la décoration de la porcelaine en Chine, 1852.* » Ces savants ayant analysé des fragments de couverte rouge uni, détachés d'un vase de Chine, lui ont attribué la composition suivante :

Silice	73,90
Alumine	6 »
Oxyde de fer	2,10
Chaux	7,30
Potasse	3 »
Soude	3,10
Oxyde de cuivre	4,60
	100 »

Ils composèrent, d'après ces données, une couverte formée de :

Sable d'Aumont	38 »
Feldspath	50 »
Craie 12, pour chaux, environ . .	6 »
Peroxyde de cuivre	6 »
	100 »

Correspondant à :

Silice. 76,05
Alumine et oxyde de fer 7,75
Chaux et magnésie. 6,08
Potasse et soude. . . . . · 3,72
Oxyde de cuivre. . . . . 6 »
                                        ————
                                        99,60

Ils l'appliquèrent sur une pâte plus fusible que celle de la porcelaine ordinaire de Sèvres et se rapprochant de celle des porcelaines de la Chine; elle avait été préparée avec :

Pâte ordinaire. . . . . 80 »
Pegmatite. . . . . 20 »

Ils obtinrent, avec cette pâte et cette couverte, cuites dans un petit four dont la cheminée avait été rétrécie de façon à avoir une atmosphère réductrice, « des pièces rouges dont la couverte n'est pas tressaillée, ce qui est très rare même sur des pièces de la fabrication chinoise ».

Les échantillons de ces essais ont été déposés dans les collections du musée céramique de Sèvres. Un des vases ainsi obtenus a pu être décoré d'une frise en or; cela ne peut se faire avec la porcelaine chinoise qui se mate au feu d'or.

Nous nous sommes étendus sur ces premières tentatives, parce que nous tenons à bien établir que c'est aux illustres savants de la Manufacture de Sèvres qu'est dû l'honneur d'avoir, les premiers en Europe, trouvé et fait connaître cette fabrication.

Il est étonnant qu'il n'y ait pas été donné suite, d'autant plus que d'autres essais ont été mis en train à la Manufacture dans une voie tout à fait différente et évidemment défectueuse; ils consistaient à porter au rouge des vases cuits préalablement en biscuit, et à les plonger, dans cet état, dans un verre fondu coloré en rouge « par l'oxyde de cuivre au minimum d'oxydation ».

Quelques années plus tard, Regnault reprit ces essais de rouge au grand feu, en cuisant des pièces de porcelaine dure, émaillées avec une couverte cuprique, dans des gazettes brasquées, ou en présence de gaz réducteurs dirigés dans l'intérieur des gazettes ordinaires. Le compte rendu de ces expériences indique qu'elles n'ont pas donné de résultats satisfaisants.

Dans une période récente, la question des rouges chinois a été reprise, et elle a été élucidée par divers savants céramistes.

A leur tête, nous trouvons MM. H. Boulenger et Cie, à Choisy-le-Roi, qui produisirent en 1877, en collaboration avec le regretté Ch. Feil, un rouge splendide sur faïence. En 1879, M. Deck obtint sur porcelaine toute une série de flammés, dont il présenta une remarquable collection à l'Exposition de 1880. M. Optat Milet, dans sa fabrique de Sèvres, arriva également à d'intéressants résultats. Enfin, dans ces trois dernières années, M. Chaplet et M. Ch. Haviland ont, à leur tour, brillamment réussi.

A l'étranger, le problème était abordé également, et résolu par M. Seger à la manufacture de Berlin, et M. Bünzli à Krumnnussbaum (Autriche).

Comme on le voit, la fabrication des flammés et des rouges de cuivre a été réalisée de plusieurs côtés dans ces dix dernières années, du moins à l'état d'essais, mais les procédés employés sont restés secrets ; rien, à notre connaissance, n'a été publié sur ce sujet depuis les observations d'Ebelmen et de Salvetat. Nous croyons donc pouvoir dire qu'en 1879, au moment où l'un de nous, chargé de la direction de la Manufacture de Sèvres, se décida à entreprendre des recherches pour établir scientifiquement et pour faire connaître les règles de cette fabrication, la question se trouvait aussi peu éclaircie qu'en 1852.

Nos premières cuissons de rouge de grand feu furent faites à Sèvres en 1882, à la suite d'une longue série d'études préliminaires faites au laboratoire. L'exposé des résultats obtenus fait l'objet du présent mémoire.

L'indécision dans laquelle nous étions sur la composition du rouge, ainsi que sur la nature de la couverte et de la pâte auxquelles il est associé, nous a portés à répéter tout d'abord les expériences d'Ebelmen et de Salvetat.

Divers fragments de porcelaine rouge chinoise furent mis dans une des piles d'un four de Sèvres et cuits avec une fournée de porcelaine dure ordinaire ; à l'ouverture du four, on trouva ces échantillons presque en totalité dépouillés de leur émail, qui avait coulé à la partie inférieure et s'était rassemblé sur le rondeau, sous la forme d'un verre coloré en vert pâle.

Des fragments identiques furent, d'autre part, soumis à la température de cuisson de la « porcelaine nouvelle » dont l'un de nous, en collaboration avec M. Vogt, venait de créer la fabrication à Sèvres. L'émail conserva sa glaçure, ne présenta nullement l'aspect d'une couverte trop cuite et l'on n'observa pas de coulure. En feu oxydant, il était devenu verdâtre, comme les composés de peroxyde de cuivre ; mais en feu neutre, l'émail s'était décoloré et, fait très curieux, il reprit sa couleur rouge lorsqu'on le réchauffa ultérieurement, aux environs du rouge naissant, dans une atmosphère neutre ou légèrement réductrice.

Ces expériences prouvent que les couvertes chinoises sur lesquelles nous avons opéré ne supportent pas la température des fours ordinaires de Sèvres, et que leur couleur rouge disparaît dans les conditions normales de nos cuissons ; mais elles prouvent, d'autre part, que ces couvertes résistent à la température de cuisson de la porcelaine nouvelle et qu'alors leur couleur, tout en subissant des modifications, variables selon la nature de la cuisson à laquelle elle est soumise, n'est pas détruite : elle n'est volatilisée que partiellement, et ce n'est qu'après trois ou quatre cuissons que le départ est complet.

Il était donc permis de supposer que l'on pourrait obtenir ces couleurs rouges sur la porcelaine nouvelle. Le problème à résoudre consistait pour nous : 1° à fixer les conditions de cuisson dans lesquelles le rouge se développe ; 2° à déterminer la nature de la couverte à employer. Quant à la nature même du colorant, il n'était pas douteux, d'après tout ce que l'on connaissait sur cette question et d'après quelques-unes de nos propres expériences, que ce fût au cuivre qu'est due la production du rouge.

L'exposé de ces recherches se divise en trois parties :

1° Expériences de laboratoire ;

2° Application à un four d'essais des résultats obtenus ;

3° Extension de ces résultats aux fours ordinaires.

I. Expériences de laboratoire. — Il peut paraître étrange, au premier abord, qu'ayant des fours à notre disposition, nous ayons songé à faire nos expériences au laboratoire. En fait, il est impossible de procéder autrement : lorsqu'il s'agit de tenter des modifications de détail dans l'ensemble d'une fabrication céramique, il est avantageux de se rendre compte immédiatement, par un essai industriel, de la portée des idées que l'on a en vue ; mais dès qu'il s'agit de variations dans la nature de la cuisson (neutre, oxydante ou réductrice) ou dans le degré de température auquel la cuisson doit avoir lieu, les expériences doivent être faites au laboratoire, parce qu'il est impossible de modifier la marche ordinaire des fours, leur allure et le degré de cuisson, sans compromettre une fournée tout entière. Cette raison rend compte de la difficulté qu'on éprouve toujours à introduire dans les industries céramiques des nouveautés, quelque séduisantes qu'elles puissent être, et aussi de la lenteur avec laquelle les progrès y sont réalisés : le fabricant ne se décide pas aisément à construire un four nouveau ou à risquer une fournée, et cependant il ne peut associer à sa production courante des essais qui exigent des circonstances spéciales.

Ajoutons, en dehors de toute autre considération, que la rareté des cuissons à Sèvres prolonge l'attente des résultats outre mesure, et est un obstacle sérieux à des recherches de longue haleine.

Comme on n'a pas jusqu'ici indiqué de procédé qui permette de faire au laboratoire des essais de cuisson de porcelaine, nous entrerons à ce sujet dans quelques détails.

M. Lauth, préoccupé de cette question dès le commencement de ses recherches à Sèvres, eut l'idée d'appliquer le four à gaz de M. Perrot à ses expériences, et le résultat en a été avantageux sous tous les rapports. Cet appareil permet de cuire de la porcelaine, au laboratoire, dans un temps assez court (deux ou trois heures), avec une dépense relativement minime et dans des conditions de cuisson variables au gré de l'expérimentateur. Rien n'est plus pratique que cet appareil si peu encombrant ; il nous paraît être le complément obligé de tout laboratoire de céramiste, qui, au lieu d'attendre pendant des semaines le résultat des essais qu'il confie aux fours industriels, peut répéter trois ou quatre fois dans la journée les expériences qu'il poursuit.

Voici le dispositif adopté. Dans l'intérieur du four on place un creuset muni d'un faux fond sur lequel sont posés, sur des patins de terre glaise, les échantillons destinés à la cuisson. Pour des expériences spéciales, le creuset peut être percé à la partie inférieure et supporté par un tube creux en terre réfractaire, qui permet ainsi de faire pénétrer dans l'intérieur un courant d'air ou d'autres gaz. Lorsqu'il s'agit simplement de modifier l'atmosphère du four en la rendant plus ou moins oxydante ou réductrice, on peut employer un creuset ordinaire, et c'est par le simple réglage des arrivées d'air et de gaz qu'on varie la nature des cuissons. Un contact plus intime entre l'atmosphère du four et les objets à cuire peut être obtenu en perçant une série de trous dans les parois du creuset dans lequel la flamme pénètre ainsi librement.

Dans une première série d'expériences, nous avons fixé, à l'aide de témoins, la température maximum que peuvent supporter sans altérations les couvertes chinoises colorées en rouge. Ce point étant voisin de celui de la cuisson de la porcelaine nouvelle, nous l'avons adopté pour la fabrication des rouges ; plus tard cependant nos recherches nous l'ont fait abaisser à 1 300° environ.

Puis nous avons déterminé de même, à l'aide de divers fragments de porcelaines chinoises rouges, les conditions dans lesquelles il faut se placer pour ne pas en détruire la couleur, admettant à priori que ces mêmes conditions nous permettraient à notre tour d'obtenir le développement du rouge sur notre porcelaine. Nous avons donc chauffé ces fragments à la température voulue, tantôt dans une atmosphère réductrice, tantôt dans une atmosphère oxydante, et il a été démontré ainsi que toutes les fois que la cuisson est oxydante, le rouge disparaît pour faire place à un émail verdâtre, tandis qu'au contraire lorsque la cuisson se fait en présence de gaz réducteurs, le rouge n'est point altéré. La facilité avec laquelle on peut faire varier avec l'appareil de M. Perrot la nature de la cuisson, nous a permis de fixer assez rapidement les conditions les plus favorables au maintien d'un beau rouge, c'est-à-dire la durée et l'importance de la période de forte réduction, la rapidité de la cuisson, enfin la manière d'arriver à la fin même de l'opération qui doit être réductrice, neutre, ou même légèrement oxydante, selon que la première période a été plus ou moins réductrice elle-même.

Nous revenons plus loin sur ces différentes phases, en indiquant la marche adoptée en grand qui est décrite avec détails.

Nous avons considéré comme probable qu'on obtiendrait le rouge de cuivre à la température et dans les conditions que nous venions de déterminer, et c'est sur ces bases qu'ont été entreprises les expériences ultérieures.

La porcelaine dont nous nous sommes servis se rapproche, par son point de cuisson et par sa composition, des porcelaines orientales, c'est-à-dire qu'elle est beaucoup plus siliceuse et moins alumineuse que la porcelaine dure ordinaire de Sèvres [1].

La recherche de la couverte a donné lieu à de nombreuses expériences qui, comme on le verra plus loin, ont dû, à plusieurs reprises, être recommencées complètement.

Le but que nous avons cherché à atteindre consistait, non dans l'obtention d'un rouge quelconque, mais bien dans la détermination des règles qu'il faut suivre pour obtenir : 1° une couverte rouge intense, transparente et ne tressaillant pas ; 2° les diverses couvertes dites flammées, qui ne nous paraissaient être que des variétés du rouge de cuivre.

Nous avons essayé d'abord d'ajouter tout simplement à la couverte ordinaire de la porcelaine nouvelle de l'oxyde ou d'autres composés de cuivre ; nous avons cuit dans les conditions fixées antérieurement, en présence de témoins de rouge chinois, destinés à contrôler la marche de l'opération.

Les résultats ont été mauvais : on obtient bien ainsi des traces de rouge, mais c'est un rouge brunâtre, sans éclat et mal glacé ; dans aucune circonstance non plus, on n'observe la formation de cette modification incolore que les couvertes chinoises avaient présentée et qui paraissait si intéressante.

Nous basant sur le fait que le cuivre donne au chalumeau à la perle de borax ou à la perle de phosphore, en flamme réductrice, une belle coloration rouge, nous avons pensé que l'addition de ces fondants à la couverte ordinaire serait favorable. Il en est ainsi en effet spécialement pour le borax (nous n'avons pu obtenir de bonne couverte avec les phosphates) ; mais bien que les diverses couvertes préparées avec des proportions variables de ces fondants donnent des résultats supérieurs aux précédents, ils ne sont pas comparables aux rouges chinois.

Il a donc fallu chercher des couvertes d'un type différent. Un pre-

---

mier mélange a été composé, sur les anciennes données d'Ebelmen et Salvetat, de la façon suivante :

<table>
<tr><td>Pegmatite. . . . . . 40</td><td rowspan="6">Correspondant à . .</td><td>Silice. . . . . . , 70,70</td></tr>
<tr><td>Sable. . . . . . . 41</td><td>Alumine . . . . . 7,03</td></tr>
<tr><td>Craie. . . . . . . 12</td><td>Alcalis. . . . . . 9,28</td></tr>
<tr><td>Colcothar. . . . . . 2</td><td>Chaux . . . . . . 6,55</td></tr>
<tr><td>Carbonate de potasse. 7,5</td><td>Oxyde de fer. . . 1,95</td></tr>
<tr><td>Oxyde de cuivre. . . 4,6</td><td>Oxyde de cuivre. . 4,49</td></tr>
</table>

Il diffère de la couverte normale par une teneur moindre en alumine et en chaux, et par une proportion plus considérable de silice et d'alcalis.

Ce mélange ayant donné des résultats assez satisfaisants, a servi de point de départ à une série d'essais méthodiques dans lesquels on a déterminé les rapports les plus avantageux de la silice à l'alumine et aux alcalis, et examiné également l'action de divers autres agents chimiques.

En voici les conclusions :

1º La couverte doit être peu alumineuse ;

2º Elle doit être peu calcaire et au contraire très alcaline ;

3º La présence du borax est utile : elle s'oppose à la tressaillure qu'occasionnerait l'excès des alcalis par rapport à l'alumine ; elle favorise le développement du rouge, non seulement par les alcalis qu'il apporte, mais encore par l'acide borique lui-même qui agit comme dissolvant ;

4º Il est bon d'ajouter à la couverte de l'oxyde d'étain, qui agit sans doute pendant la cuisson et pendant la période de refroidissement, en protégeant le cuivre contre l'oxydation. La proportion qu'il faut en adopter doit être inférieure à celle du cuivre ;

5º L'emploi du plomb n'a donné que de mauvais résultats.

Ces premières données étant acquises, nous avons considéré comme terminée la période des essais préliminaires et nous nous sommes décidés à essayer une cuisson industrielle.

II. Application des résultats obtenus à un four d'essais. — Le petit four dont on s'est servi est à flammes renversées ; il a une capacité d'environ un mètre cube et demi.

On a choisi, parmi toutes les couvertes que nous avions été amenés à composer, les six qui avaient donné au laboratoire les résultats les plus intéressants ; elles présentent entre elles des différences de composition assez notables :

<table>
<tr><td>L'alumine y varie de</td><td>10,56 à</td><td>5,4 %.</td></tr>
<tr><td>La silice —</td><td>76 à</td><td>46,5 %.</td></tr>
<tr><td>Les alcalis —</td><td>6,2 à</td><td>28 %.</td></tr>
</table>

Ces couvertes ont été appliquées sur la porcelaine dans diverses conditions, soit sur dégourdi par trempage, tantôt en les recouvrant tantôt en ne les recouvrant pas de couverte blanche ordinaire, soit sur porcelaine émaillée ou sur biscuit au patois comme on procède à Sèvres pour le bleu de grand feu.

Pour être fixé sur la marche du four, on a mis une série de chacune de ces différentes couvertes, avec leurs divers modes d'application, dans toutes les piles et à trois hauteurs différentes; enfin l'encastage a été disposé, soit en lutant les piles, soit en les entr'ouvrant, au contraire, pour faciliter l'accès des gaz réducteurs auprès des échantillons.

La cuisson a été dirigée de manière à ce que l'atmosphère fût constamment réductrice, résultat qu'on obtient en remplissant complètement les alandiers de combustible et en rapprochant les plaques de cavalier de manière à rendre les rentrées d'air difficiles et à produire en quelque sorte une distillation du bois. La nature des gaz produits ainsi était approximativement déterminée à l'aide de l'appareil Orsat dont les indications étaient contrôlées d'ailleurs par des montres tirées du four.

Voici les résultats obtenus dans cette première cuisson :

1º Les deux couvertes suivantes ont donné du rouge transparent, tout à fait satisfaisant dans certaines places du four :

	(1)	(2)
Pegmatite	40	40
Sable	40	41
Craie	18	12
Borax fondu	12	»
Carbonate de soude	»	24.5
Oxyde de cuivre	6	6
Oxyde d'étain	6	3

La composition centésimale des deux fondants (cuivre et étain déduits), est représentée par les chiffres suivants :

	(1)	(2)
Silice	67.02	68.92
Alumine	7.06	6.85
Alcalis	7.83	17.83
Chaux	9.87	6.39
Acide borique	8 23	»

2º Le mode d'emploi le plus avantageux avec ces couvertes est la pose à l'essence sur porcelaine émaillée ;

3º Le rouge se développe de préférence dans les piles incomplètement lutées ;

4º La proportion d'oxyde de cuivre doit être d'environ 6 % ; les couvertes qui en renferment moins sont à peu près complètement décolorées dans les conditions de cuisson adoptées. La proportion d'oxyde d'étain doit être la moitié de celle de l'oxyde de cuivre.

Après cette première expérience, qui démontrait l'exactitude des conclusions tirées des renseignements fournis par le laboratoire, la fabrication industrielle des rouges et des flambés fut organisée et on fut rapidement en mesure de produire des pièces assez importantes, c'est-à-dire d'une dimension de 0ᵐ30 à 0ᵐ40 de hauteur.

Les cuissons ont été poursuivies dans le four d'essais pendant deux ans environ. La couverte définitivement adoptée dans cette période fut celle qui porte plus haut le n° 1, la couverte n° 2, trop alcaline pour notre pâte, entrainant fréquemment la rupture des pièces.

Nous n'avons jusqu'ici rien dit de la nature du rouge de cuivre; bien que la question ne soit pas absolument élucidée, il nous sera permis d'exposer rapidement nos idées sur ce point. Il est certain que le rouge est obtenu par la réduction des composés oxygénés de ce métal. Mais quelle est exactement la nature du rouge ? En quoi le rouge opaque diffère-t-il du rouge transparent et des couvertes flammées ?

La plupart des savants qui ont parlé du rouge de Chine l'ont considéré jusqu'ici, croyons-nous, comme étant dû au protoxyde ou à un silicate de protoxyde de cuivre. Rien ne paraît cependant moins démontré. Comment ce protoxyde de cuivre arrive-t-il à se préserver, aux hautes températures dont il s'agit, soit d'un excès de réduction qui l'amènerait à l'état métallique, soit d'une oxydation qui le ferait verdir ? Comment cette combinaison si instable de la silice et du protoxyde de cuivre peut-elle être maintenue?

Il nous parait plus rationnel d'admettre que ces colorations rouges sont dues au métal lui-même : sous l'influence d'une réduction énergique, favorisée encore par la présence de l'étain, les composés cupriques mêlés à la couverte sont amenés à haute température à l'état de cuivre métallique. Si la composition de la couverte le permet, le métal s'y dissout, et lorsque les doses de cuivre ne sont pas trop fortes, la dissolution reste parfaite, même à froid, phénomène analogue à celui que présente l'or métallique pour les couleurs roses et rouges, dites d'or. Alors intervient ce fait particulier sur lequel nous avons déjà insisté à deux reprises: lorsque le refroidissement de la dissolution cuprique a lieu dans de certaines conditions, lorsque notamment il s'opère brusquement, l'émail se transforme en un verre incolore, mais capable de rougir si on le réchauffe de nouveau à faible température ; lorsqu'au contraire le refroidissement a lieu lentement, le rouge se développe avec toute sa splendeur et en conservant sa transparence de pierre précieuse ; c'est une véritable teinture de la couverte. Si, au contraire, la composition de la couverte est telle que le métal ne puisse s'y dissoudre, ou si la proportion du cuivre est trop forte, au moment du refroidissement il y a précipitation ; alors le cuivre métallique, extrêmement divisé, apparaît comme une couleur opaque, rouge foncé, et l'émail auquel il est mélangé n'a plus ni éclat ni transparence.

Ces phénomènes sont du même ordre que ceux que présente l'or dans les verres, et cette analogie nous paraît assez frappante pour que notre hypothèse devienne vraisemblable.

M. Paul Ebell, en 1874, a fait de cette question l'objet d'un long mémoire, dans ses études sur les verres colorés en rouge ; ses conclusions nous paraissent de tous points applicables à la porcelaine.

Les irrégularités et les difficultés de cette fabrication sont dues aux propriétés chimiques du cuivre et de ses composés. Supposons que la période de forte réduction soit prolongée outre mesure, ou que la température soit poussée plus haut qu'il ne convient, le cuivre métallique se volatilise et l'émail, plus ou moins dépouillé, sort décoloré du four. Qu'au contraire, la cuisson soit poussée très vivement, la volatilisation partielle du cuivre, sur laquelle on compte, n'a pas le temps de s'effectuer ; dans ce cas, la dose de métal est trop forte pour qu'il puisse rester dissous, et l'émail, au lieu d'être transparent, est opaque et bouché.

D'autres phénomènes peuvent se présenter : si pendant la fin de la cuisson, ou pendant la période de refroidissement, l'air pénètre dans certaines parties du four, soit par les alandiers, soit par les mille fissures qui existent toujours dans ces masses de maçonnerie, au moment où il se trouve en contact avec la couverte cuprique fondue, il y a oxydation ; l'endroit frappé verdit ou bleuit plus ou moins, et l'émail continuant à couler, puisqu'il est extrêmement chaud, entraîne dans sa masse ces parties oxydées, qui se fondent dans le reste et donnent ainsi naissance aux *flammés*. Sans avoir recours à cette explication basée sur les rentrées d'air, n'est-il pas admissible que la flamme, variable de composition dans toute sa longueur, porte en elle-même la cause de ces innombrables fantaisies, dont la présence à la surface de l'émail indique en quelque sorte qu'il a été léché par elle, et incessamment transformé ?

Enfin, une autre cause à laquelle nous attribuons certains flammés, est la facilité avec laquelle diverses couvertes se décomposent, mettant en liberté des corps opaques, qui forment dans la masse de l'émail des zones et des traînées blanches d'un fort bel aspect.

Ces différents phénomènes sont concomitants ; leurs effets peuvent se combiner et donnent alors des résultats tout à fait imprévus et qui présentent parfois un grand charme.

En résumé, nous considérons les rouges de cuivre transparents et opaques comme le produit de la dissolution et de la précipitation du cuivre métallique dans une couverte.

Les règles à suivre pour obtenir ce résultat varient à l'infini ; elles dépendent évidemment de diverses causes, qui n'ont aucun rapport les unes avec les autres : ainsi la forme et la dimension des fours dans lesquels on opère, la nature de la porcelaine choisie, la composition et la fusibilité des couvertes adoptées.

On peut même concevoir des genres de fabrication absolument différents les uns des autres. Nous nous sommes appliqués en effet, jusqu'ici, à considérer le rouge de cuivre comme un produit du grand feu, parce que nous savons que les anciens Chinois opéraient à une température très élevée ; mais il n'est pas impossible d'arriver à des résultats similaires, dans des conditions tout à fait autres : rien ne s'oppose à ce que l'on applique sur biscuit de porcelaine, ou sur porcelaine émaillée, des couvertes cupriques fondant à 1 000° ou à 1 200°, et à ce qu'on les transforme en rouge dans des moufles appropriées ; dans un tel appareil et à une température aussi peu élevée, les difficultés sont infiniment moindres ; rien non plus ne s'oppose à ce qu'on applique sur porcelaine crue ou dégourdie, une couverte de cuivre qui sera cuite au grand feu et transformée ultérieurement en rouge dans des moufles. Nous avons eu souvent, au cours de nos recherches, l'occasion de faire de telles expériences, dont les résultats ont été des plus intéressants ; nous les relatons dans la troisième partie de ce mémoire.

Nous ne nous occupons, pour l'instant, que des rouges et des flammés obtenus au four de porcelaine. Nous croyons devoir entrer dans quelques détails techniques relatifs à cette fabrication, pour bien préciser le mode opératoire qui a été suivi, rappelant ici que, dans l'ignorance complète où nous nous trouvons des procédés suivis ailleurs, cet exposé ne peut avoir d'autre but que de faire connaître les faits et les résultats que nous avons observés nous-mêmes.

Préparation et emploi de la couverte. — Les éléments qui composent la couverte doivent être intimement mélangés avant la fusion ; il est même bon de broyer ensemble les oxydes de cuivre et d'étain, avant de les introduire dans le mélange. Le tout est fondu à fort feu jusqu'à ce qu'il se transforme en un verre bien transparent. Après quelques heures de fusion, nécessaires pour que la couverte bien affinée soit débarrassée de toutes bulles de gaz, on la coule dans l'eau ; refroidie ainsi brusquement, elle se présente tantôt sous la forme d'un verre d'une belle teinte verte si la fusion a eu lieu dans une atmosphère oxydante, tantôt, si la fusion a eu lieu dans une atmosphère réductrice, comme un verre absolument incolore ; c'est la modification qui, réchauffée à faible feu en flamme réductrice, se transforme en un beau rouge transparent. Il n'y a pas d'avantages à fondre la couverte en flamme réductrice; nous préférons même nous servir d'une couverte verte à l'emploi, parce que les changements successifs de couleur qu'elle subit pendant la cuisson et qu'on peut observer en retirant des montres du four permettent de suivre plus facilement la marche de l'opération et de contrôler la composition des gaz de la combustion.

La couverte, broyée très fin, est appliquée à l'essence et au putois sur la porcelaine cuite et émaillée, comme cela se pratique pour les bleus au grand feu de porcelaine dure. Elle doit être complètement séchée avant son emploi; une trace d'humidité la fait pelotonner sous le putois et peut occasionner à la cuisson des déplacements de couleur. L'épaisseur à laquelle on doit l'appliquer est donnée par « trois couches soutenues ».

Le séchage en moufle des pièces est plus dangereux qu'utile: en effet, pendant ce séchage la couverte pour rouge commence à fondre et à faire corps avant que la couverte blanche commence à se ramollir; elle ne peut donc se combiner à celle-ci et elle forme une sorte d'enveloppe non adhérente qui se déchire parfois pendant le refroidissement et qui tombe en feuillets.

D'autre part, si on pousse la température du séchage assez haut pour que cette fixation ait lieu, la couverte rouge presque complètement glacée ne subit plus facilement l'action des gaz réducteurs dans le four, ou du moins cette action est moins profonde que lorsque la couverte est pulvérulente à la surface du vase.

Encastage et cuisson. — Lors de l'encastage des pièces, il faut avoir soin d'interposer entre elles et le rondeau qui les supporte une petite plaque en porcelaine fortement terrée afin d'éviter que l'émail, en coulant, colle la pièce au rondeau. Avec un peu d'expérience, le poseur de fonds arrive d'ailleurs assez facilement à donner à la couverte, sur la partie inférieure des objets, l'épaisseur convenable pour empêcher l'émail de trop couler et pour que le tout s'égalise; en général, il devra réserver au pied du vase une zone d'environ un centimètre de largeur sur laquelle il n'appliquera pas de couverte.

Les gazettes sont incomplètement lutées, afin de permettre aux gaz réducteurs de pénétrer plus facilement dans les piles. Toutefois il ne faut pas trop favoriser l'accès des gaz; il nous est arrivé de cuire un vase en pleine flamme, sans encastage et de trouver à l'ouverture du four la couverte complètement privée du cuivre, qui avait été volatilisé.

Au début de la cuisson et avant que le four soit rouge, les gaz ne peuvent agir sur la couverte. Il ne serait donc pas absolument nécessaire d'avoir à ce moment une atmosphère réductrice; cependant cela est préférable, parce qu'il est souvent difficile de modifier un régime une fois établi dans un four. Si donc on commençait avec une marche oxydante, il ne serait pas toujours aisé d'obtenir ultérieurement la marche réductrice qu'on désirerait avoir.

Au moment où le four commence à rougir, on doit produire le maximum de gaz réducteurs et prolonger cette marche jusqu'à ce que les montres indiquent que la couverte est devenue entièrement noire, sans traces de vert. Si, au moment où elle commence à glacer, elle ne présente pas ce caractère, il faut augmenter l'enfumage et maintenir la température stationnaire jusqu'à ce que le résultat soit obtenu.

Cette atmosphère réductrice peut s'obtenir de deux façons : soit par l'emploi d'un excès de combustible, soit par la diminution du tirage. Le premier procédé nous paraît plus recommandable parce que la diminution du tirage a pour conséquence le raccourcissement de la flamme dont l'extrémité oxydante peut, en léchant les piles, oxyder les pièces qu'elles renferment.

Pendant cette période, la couverte est fréquemment bouillonnée ; une marche très lente empêche cet accident dont il ne faut d'ailleurs pas trop se préoccuper, car on obtiendra un beau glacé, si la fin de cuisson est convenablement menée.

Lorsqu'on juge que la période de réduction est suffisamment prolongée (et l'expérience seule permet d'apprécier exactement ce point), on transforme peu à peu la marche de la cuisson ; on diminue la réduction, on élève la température et on prend toutes les dispositions nécessaires pour que la fin de la cuisson ait lieu en atmosphère très légèrement réductrice ou neutre ; quelquefois il est même utile d'arriver à une atmosphère oxydante pour dépouiller complètement le rouge et l'obtenir bien vif et bien pur.

Nous avons essayé divers procédés pour nous renseigner sur l'état intérieur du four pendant la cuisson des rouges, cherchant à éviter l'emploi des montres qui entraînent l'ouverture de l'appareil et occasionnent toujours un trouble sérieux, quoique momentané, dans la marche de l'opération ; mais nous n'avons pas réussi à trouver un procédé absolument satisfaisant et nous avons dû continuer à nous diriger d'après l'état des montres : elles passent successivement du noir mat, au brun noir commençant à glacer, puis au brun rouge, au rouge opaque ; finalement, lorsque le point de cuisson est atteint, elles deviennent d'un beau rouge transparent ; pour bien observer cette dernière teinte, il faut éviter de refroidir brusquement les montres qu'on retire du four ; sinon elles apparaissent incolores, c'est-à-dire avec cette modification que nous avons déjà signalée plusieurs fois. La fournée tout entière est sans doute dans cet état, à ce moment, et le développement du rouge n'a lieu que sous l'influence d'un refroidissement progressif.

Il ne faut pas cependant chercher à ralentir le refroidissement (là encore, on se trouve en présence d'une de ces nombreuses questions d'appréciation qui rendent cette fabrication si délicate et si intéressante à la fois) : en effet, il importe de soustraire le plus rapidement possible la couverte rouge à l'action oxydante de l'air qui, malgré toutes les précautions qu'on peut prendre, pénètre dans l'intérieur du four. Une autre raison d'ailleurs doit faire rechercher une certaine rapidité dans le refroidissement : nous avons observé que lorsque le four reste pendant un temps prolongé à une température très élevée, il se produit une sorte de liquation de l'émail; il se recouvre de taches et de stries opaques, d'un blanc verdâtre, qui masquent absolument le rouge : dans une cuisson, un vase s'est trouvé ainsi recouvert uniformément d'un émail opaque verdâtre, très bien glacé, sous lequel on a retrouvé le rouge, en enlevant par le moyen de la gravure la couche extérieure. Ce n'est pas, comme nous l'avons cru d'abord, un simple phénomène d'oxydation : il y a là une véritable séparation de produits; nous y revenons plus loin.

Les cuissons ont toujours été faites en petit feu, pour la période de forte réduction ; en grand feu, pour la période d'ascension finale ; dans une cuisson de 16 à 18 heures, on a généralement 11 heures de petit feu et 7 heures de grand feu.

L'ascension de la température a été observée à l'aide du pyromètre à circulation d'eau qui a toujours donné des résultats comparables entre eux lorsque la marche a été normale et lorsqu'on n'a pas eu recours à l'emploi des trappes des cheminées pour modifier le tirage du four; dans ce cas la vitesse des gaz elle-même est modifiée et les observations ne sont plus comparables. Les cuissons les plus favorables ont été réalisées, en mettant en grand feu à la température correspondant à une ascension thermométrique de 9 degrés et demi, l'ascension totale étant de 14 degrés et demi au thermomètre de l'appareil. Il ne faut pas négliger, dans les cuissons réductrices, de retirer fréquemment le pyromètre du four pour débarrasser l'explorateur du noir de fumée qui s'y dépose et qui vicie les indications en rendant l'appareil moins susceptible d'emprunter de la chaleur aux gaz environnants.

Telles sont les règles générales que nous avons suivies dans les cuissons faites à la Manufacture, de 1882 à 1885. Elles nous ont permis d'obtenir un grand nombre de pièces d'une très belle réussite et d'une variété d'aspects intéressants : nous en avons présenté les types principaux à l'Exposition de Paris en 1884 et à celle d'Anvers en 1885. Quelques-unes de ces pièces sont conservées au musée céramique de Sèvres. Les rendements de cette fabrication en pièces de choix ont été, d'après les registres de la Manufacture, de 82 %.

III. Extension de ces résultats aux fours ordinaires. — L'emploi d'un four de petite dimension est indispensable dans une période d'essais ; il permet de faire des expériences fréquentes et rapides, et il n'entraine que peu de dépenses ; mais la production qu'on peut obtenir ainsi est évidemment très limitée et les pièces sont naturellement peu importantes, d'autant plus qu'il est difficile de régler un tel four de manière à avoir dans toute sa capacité la même température et la même nature de gaz, ce qui restreint encore l'espace utilisable. Aussi, il fut décidé, dès que les règles de la fabrication du rouge de cuivre eurent été établies et assurées par un nombre suffisant de cuissons réussies, qu'on tenterait quelques expériences dans nos grands fours ; dans les premiers mois de 1885, deux cuissons furent ainsi faites ; elle donnèrent lieu aux observations suivantes : le rouge et les flammés ont été obtenus très beaux, bien glacés, et sans tressaillures, dans une région assez étendue du four ; mais dans d'autres parties il n'en fut pas ainsi. Ce four avait été construit dans un but précisément opposé à celui que nous visions alors ; il est destiné en principe à des cuissons oxydantes. Les ressources dont disposait la Manufacture ne nous ayant pas permis de faire la dépense d'un appareil spécial construit en vue de cette nouvelle fabrication, il fallut utiliser celui que nous avions. Dans plusieurs zones il a été impossible de maintenir les gaz à l'état de réduction nécessaire ; comme en raison de la masse du four le refroidissement est beaucoup plus lent que dans le four d'essais, la couverte à l'état fluide pendant un temps relativement long reste en contact avec une atmosphère oxydante et le cuivre qu'elle renferme est réoxydé ; au lieu d'obtenir du rouge, on obtient du vert (céladon de cuivre). D'autre part, nous avions déjà constaté et nous avons signalé plus haut que la couverte adoptée donne lieu dans diverses circonstances à du flammé plutôt qu'à du rouge ; en cuisant très haut on remédie à cet inconvénient, mais l'élévation de la température a pour conséquence une lenteur exagérée du refroidissement, et une chance plus grande d'avoir du flammé au lieu de rouge. Enfin cette couverte exige pour donner du rouge une réduction énergique pendant toute la durée de la cuisson, condition difficile à réaliser avec la température très élevée que nous venons d'indiquer comme indispensable.

Ces inconvénients avaient déjà été constatés en partie ; mais ils ont été plus marqués dans le grand four que dans l'appareil d'essais. Il est probable d'ailleurs que tous les fabricants les ont rencontrés, puisque les belles pièces de dimensions un peu importantes en rouge ou en flammé sont rares.

Il eût été facile de ne pas s'en préoccuper outre mesure, puisque les places favorables au développement des couleurs de cuivre ayant été nettement déterminées, peuvent être seules réservées à cette fabrication, les zones défavorables étant utilisées pour y cuire de la porcelaine blanche ou décorée par d'autres procédés.

Mais notre programme n'était pas rempli ainsi : nous avions le désir de faire des fournées entières de rouge. Dans ces circonstances, nous jugeâmes utile de chercher à perfectionner notre couverte et à remédier aux défauts qu'elle avait présentés à diverses reprises; ces nouvelles recherches ont donc eu pour but de trouver un fondant plus apte que l'ancien à dissoudre le cuivre et à le maintenir au degré de réduction voulu, moins prédisposé d'autre part à donner des traînées opaques et du flammé.

Tous les éléments capables d'entrer dans une couverte incolore furent successivement associés et lorsque ces recherches empiriques (dont l'exposé fastidieux serait dénué d'intérêt) furent terminées, on chercha à coordonner les résultats les plus intéressants. Après avoir établi la composition chimique des meilleures couvertes, leur degré d'acidité, les rapports existant entre l'alumine et les alcalis, entre les alcalis et les autres bases employées, etc., nous sommes arrivés aux conclusions suivantes :

Dans une même série de couvertes, renfermant les mêmes bases, le plus beau rouge est obtenu par celles qui présentent le degré d'acidité le plus élevé;

Dans une série de couvertes de même acidité, le plus beau rouge est obtenu lorsque le rapport des alcalis à l'alumine est le plus élevé;

Dans des couvertes renfermant des alcalis et des alcalino-terreux associés à une quantité constante d'alumine, le plus beau rouge est également obtenu lorsque le rapport des alcalis aux alcalino-terreux est le plus élevé; mais dans les deux cas, on ne peut dépasser une certaine limite, à cause de la facilité avec laquelle les alcalis entraînent la tressaillure; l'acide borique facilite l'emploi de telles combinaisons, en s'opposant à la tressaillure;

La chaux et la magnésie donnent naissance aux traînées blanches opaques et aux flammés;

L'oxyde de zinc associé à la baryte donne le plus beau rouge;

Les fluorures, l'oxyde de plomb, l'oxyde de fer, présentent des inconvénients de diverses natures.

Le cuivre peut être introduit dans la couverte sous diverses formes; l'oxalate de cuivre simplement mélangé et non fondu avec le fondant donne des résultats avantageux; mais l'oxyde mélangé à la couverte et fondu avec elle est tout aussi recommandable; la dose à employer varie selon la durée de la cuisson et la grandeur des fours; 5 % est la quantité que nous adoptons; il est utile d'y ajouter moitié d'oxyde d'étain.

La couverte composée sur ces données qui nous a donné les meilleur résultats a été préparée avec les éléments suivants :

	(3)
Pegmatite	31.17
Sable	36.37
Borax fondu	12.98
Carbonate de soude sec	4.76
Carbonate de baryte	10.39
Oxyde de zinc	4.33

Correspondant à :

Silice	61.02
Alumine	5.85
Alcalis	10.72
Baryte	8.42
Oxyde de zinc	4.51
Acide borique	9.48

Les bases y sont associées dans des rapports voisins de ceux qui sont exprimés par la formule suivante :

$$Al^2 O^3, 3\ Na KO, Ba O, Zn O.$$

Son degré d'acidité est 5,39, celui de la couverte n° 1 étant 5,14.

Elle glace très bien à une température sensiblement inférieure à celle qu'exige le n° 1, et donne un beau rouge, bien transparent et sans tressaillures.

Elle se réduit avec une grande facilité et présente, d'une manière bien plus accentuée que toutes les autres couvertes essayées, la propriété de conserver le cuivre en dissolution sous la modification incolore ; il nous est même arrivé à plusieurs reprises d'obtenir de pareils échantillons qui avaient été cuits sans aucune précaution spéciale en feu ordinaire. Lorsqu'on réchauffe ces couvertes en moufle, dans une atmosphère réductrice, le rouge se développe ; il nous a paru moins vif et moins profond que celui qu'on obtient directement au four, mais l'observation nous a paru néanmoins devoir être signalée, car elle prouve que la nature de la couverte a, dans toute la fabrication des rouges de cuivre, une importance prépondérante, supérieure même à celle du mode de cuisson.

Cette même couverte, que nous avions donnée à M. Vogt, lui a permis d'obtenir, par un procédé spécial, le rouge de cuivre en décoration.

La couverte suivante a été composée dans le but de donner des flammés avec traînées blanches opaques ; c'est à la chaux qu'ils nous paraissent devoir être attribués.

	(4)
Pegmatite	26.51
Sable	42.57
Carbonate de soude	6.02
Craie	19.28
Oxyde de cuivre	3.75
Oxyde d'étain	1.87

La juxtaposition des deux couvertes permet d'obtenir le rouge uni à côté du rouge flammé, à des places déterminées à l'avance, et de réaliser ainsi de beaux effets, qu'on peut encore varier par l'addition des couvertes bleues, vertes, brunes et noires, et, en général, de toutes celles qui se développent au feu réducteur.

Tels sont les faits principaux que nos recherches sur les rouges de cuivre nous ont mis à même d'observer; bien que nous ayons obtenu des résultats intéressants et que la Manufacture ait actuellement à sa disposition un procédé et des formules étudiées qui ont permis de produire un très grand nombre de belles pièces, nous ne considérons pas ce sujet comme épuisé.

D'autres expériences restent à faire, que les circonstances nous ont empêchés de tenter nous-mêmes. Il serait notamment du plus grand intérêt d'appliquer la méthode que nous avons indiquée, à l'obtention du rouge sur des porcelaines extrêmement siliceuses : on pourrait ainsi employer comme couvertes des mélanges très alcalins, dont nous avons, à plusieurs reprises, signalé les avantages, mais qu'il est dangereux d'utiliser sur nos porcelaines ordinaires.

Il serait bon de chercher à remplacer la pose à l'essence sur porcelaine cuite, par la pose au trempé ou à l'insufflateur sur porcelaine crue ou dégourdie.

Il serait également bien important, à notre avis, de consacrer à ces fabrications des appareils spéciaux : le four serait de taille moyenne, à flammes renversées; le rapport de la hauteur au diamètre serait de beaucoup inférieur à celui qui est généralement adopté en Europe; les alandiers, plus grands et plus nombreux que d'ordinaire, seraient placés à un niveau inférieur à celui de la sole du four, dans lequel la flamme pénétrerait par des carneaux disposés régulièrement autour du gros mur; ils seraient voûtés à leur partie supérieure, pour que les rentrées d'air soient moins faciles; ils seraient plus profonds que larges, au lieu d'être carrés, comme ils le sont en général; l'air qui pénètre dans le four, étant obligé de traverser une couche plus épaisse de charbon, y arriverait ainsi à peu près complètement dépouillé d'oxygène et très chargé en oxyde de carbone; enfin, un tirage énergique obligerait la flamme à s'allonger pour qu'elle ait la même composition sur tout son parcours.

Ces deux modifications amélioreraient certainement la marche d'une fabrication qui, dans les conditions actuelles, reste soumise à des imprévus nombreux et exige des précautions tout à fait spéciales.

Céladons. — Nous terminons ce mémoire par l'exposé de quelques recherches entreprises dans le but de préparer les couvertes désignées sous le nom de céladons. Il ne s'agit pas ici de celles qui sont obtenues en feu oxydant et que nous décrivons dans une note spéciale, consacrée aux couvertes colorées. Nous ne voulons parler que du céladon de fer, produit en atmosphère réductrice.

C'est une des couvertes les plus délicates de la palette chinoise ; elle a un ton vert bleuâtre très fin, qui prend à la lumière artificielle des nuances douces et harmonieuses. Elle est employée principalement sur des pièces gravées, où elle joue le rôle d'émail ombrant.

Stanislas Julien, dans sa traduction, dit qu'elle est obtenue avec un mélange de feldspath, de chaux et d'une terre ferrugineuse.

Ebelmen et Salvetat admettent que la coloration est due au silicate de chaux et de fer, et qu'on la développe en maintenant le fer au minimum d'oxydation ; lorsque cette composition est soumise à une atmosphère oxydante, elle perd sa couleur et prend toutes les variétés de ton qui existent entre les colorations des sels de protoxyde et celles du peroxyde.

Ces données sont exactes ; les conditions dans lesquelles le céladon est obtenu sont identiques à celles qui permettent le développement du rouge de cuivre ; la facilité avec laquelle le protoxyde de fer se peroxyde exige une réduction plus énergique encore que celle que demande le rouge.

La nature de la couverte exerce aussi une grande influence sur le résultat, et c'est sur ce point qu'ont porté principalement nos recherches, qui sont malheureusement restées inachevées.

Nous n'avons pu que constater les faits suivants : les couvertes alcalines sont moins avantageuses que les couvertes magnésiennes ou calcaires ; elles sont plus sujettes à s'oxyder ; les phosphates et les borates ne donnent pas de bons résultats ; l'intervention de l'oxyde d'étain n'est pas utile.

Le meilleur résultat que nous ayons obtenu a été atteint par l'emploi d'une couverte exclusivement calcaire, dans laquelle le fer a été introduit à l'aide et sous la forme d'une argile ferrugineuse.

Voici le dosage adopté :

Terre de Dreux rouge calcinée	35
Sable d'Aumont.	50
Fluorure de calcium.	22

Il est bon de prendre une terre très ferrugineuse.

On peut augmenter l'intensité de ce céladon par l'addition d'un à deux millièmes d'oxyde de chrome qui, dans ces proportions, se dissout et n'expose pas la couverte à perdre sa transparence.

Nous avons constaté que lorsqu'on cuit dans une même gazette des vases céladon avec des vases émaillés pour rouge, les premiers sortent quelquefois du four colorés en rouge par le cuivre qui s'est volatilisé et qui a une grande tendance à se fixer sur la couverte ferrugineuse ;

on pourrait tirer de cette observation un procédé pour obtenir le rouge
en *décoration*.

VI

SUR LES COUVERTES DE PORCELAINE
PAR MM. CH. LAUTH ET G. DUTAILLY.

Les couvertes sont des enduits terreux vitrifiables qui, appliqués sur
une pâte de porcelaine, lui donnent sa glaçure et son éclat caractéristiques ; elles se distinguent des vernis et des émaux par leur dureté,
ainsi que par leur point de fusion élevé, qui est égal ou presque égal
au point de cuisson de la pâte.

Les qualités qu'on exige d'une bonne couverte sont les suivantes :
elle doit former à la surface du biscuit une glaçure transparente, régulièrement nappée, sans coulures, bouillonnements, retirements, ni parties mates ; elle doit se fixer sur la pâte sans tressaillures, ni écaillage ;
enfin elle doit supporter sans altération les passages en moufle nécessaires pour la décoration.

Chaque pâte possédant un point de cuisson particulier et un coefficient
de dilatation propre, exige la préparation de couvertes spéciales.

Si l'on introduit dans ces couvertes des oxydes ou des composés colorants, auxquels elles puissent servir de fondants, et qui soient capables
de supporter, sans se volatiliser ou se décomposer, la température de
la cuisson de la porcelaine, on obtient des *couvertes colorées*.

Comme un même oxyde peut, d'après la nature de la couverte à
laquelle il est combiné, donner des colorations très différentes, l'étude
des couvertes colorées comprend l'examen de toutes les modifications
qu'on peut apporter dans l'association des bases incolores ou des acides
qui constituent les couvertes.

Nous nous sommes proposé, dans ce travail, de chercher à déterminer quelques lois générales relatives à la composition des couvertes
et de faciliter ainsi aux céramistes la solution d'une question qu'ils
ont souvent à résoudre.

Nous divisons notre étude en deux parties : la première a trait
spécialement aux couvertes incolores ; la seconde indique par quelles
modifications, additions ou substitutions dans des couvertes incolores
nous avons préparé notre palette de couvertes colorées.

PREMIÈRE PARTIE. — Couvertes blanches ou incolores. — En comparant entre elles les compositions des différentes couvertes de porcelaine
en usage en France ou à l'étranger, on constate que, d'une manière
générale, ces couvertes peuvent être considérées comme le produit de

la combinaison d'un silicate d'alumine avec un ou plusieurs silicates alcalins, alcalino-terreux ou métalliques. En faisant varier la nature, la basicité et les proportions des divers silicates ainsi associés, on peut préparer un nombre pour ainsi dire illimité de silicates multiples possédant des points de fusion et des coefficients de dilatation variables. Nous avons choisi, parmi les composés auxquels on peut ainsi donner naissance, un certain nombre d'entre eux de composition relativement simple et dans lesquels nous avons successivement introduit les différentes bases incolores dont l'emploi est industriellement possible; puis nous avons cherché à les comparer entre eux, au point de vue de leur application comme couvertes de porcelaine.

Dans l'une des notes qu'il a ajoutées au *Traité des arts céramiques* de Brongniart, Salvetat a déjà indiqué quelques résultats intéressants obtenus par différents expérimentateurs sur la fusibilité des silicates et des borates alcalins, terreux et métalliques. Mais les composés étudiés s'éloignent beaucoup, en général, par leur basicité et leurs proportions relatives, de la composition moyenne des couvertes; d'autre part, il n'a été donné aucun renseignement sur la façon dont ils se comportent dans leur application sur une pâte.

Le mode opératoire, à l'aide duquel ces résultats ont été obtenus, consistait à soumettre à des températures déterminées, comme par exemple celle de la cuisson de la porcelaine dure à Sèvres, des creusets dans lesquels on avait introduit des mélanges intimes de matières simples en proportions convenables pour donner, après fusion, des silicates définis. Après le refroidissement, par l'aspect de la masse, on jugeait de la fusibilité et de la vitrification plus ou moins parfaite de ces silicates.

Notre but étant plus particulièrement l'étude des silicates au point de vue de leur emploi possible comme couvertes, nous avons adopté un autre procédé : nos mélanges, intimement broyés sur la glace ou sous les meules, ont été mis en suspension dans l'eau et appliqués par trempage, comme pour l'émaillage ordinaire, sur des fragments dégourdis de diverses pâtes de porcelaine, cuisant aux environs de 1350°; ces échantillons ont été ensuite cuits, soit rapidement au four Perrot, soit lentement dans le four de porcelaine nouvelle de Sèvres.

Les bases incolores que nous avons successivement associées à la silice et à l'alumine ont été les suivantes :

la potasse,
la soude,
la magnésie,
la chaux,
la strontiane,
la baryte
et l'oxyde de zinc.

Nous avons donné à nos différents mélanges une composition telle que la basicité des silicates, obtenus par leur fusion, fût comprise entre les limites extrêmes que nous avions trouvées exister pour les couvertes les plus usuelles. Dans le cours de ce travail, nous exprimerons ce degré de basicité par le rapport de l'oxygène de la silice à l'oxygène des bases, et par abréviation nous le désignerons par la notation $\dfrac{A}{B}$. Le plus souvent nous avons pris ce rapport égal à 3,60, qui représente à peu près la valeur moyenne trouvée pour la pegmatite qui sert de couverte à la porcelaine dure de Sèvres.

Les mélanges que nous avons préparés ont été généralement obtenus à l'aide de sable, de kaolin et d'oxyde ou de carbonate des autres bases. Pour les bases qui, comme la potasse et la soude, sont solubles dans l'eau, soit à l'état d'oxydes, soit à l'état de carbonates, nous avons dû le plus souvent recourir à l'emploi d'une fritte (silicate alumino-alcalin) ; toutefois, lorsque nous avons voulu introduire simultanément la potasse et la soude, et chaque fois que nous avons pu, par l'emploi de roches naturelles, arriver à la teneur en alcalis que nous désirions, nous avons fait usage de pegmatite ou d'un feldspath naturel, mélange en quantités à peu près équivalentes d'orthose et d'albite, dont la composition était la suivante :

Silice.	61.5
Alumine	20.5
Alcalis	11
Eau et perte	1

Afin de simplifier l'exposé des résultats que nous avons obtenus, nous diviserons nos essais en trois séries principales :

A. Silicates ne renfermant qu'une seule base associée à la silice et à l'alumine.

B. Silicates renfermant deux bases différentes associées à la silice et à l'alumine.

Dans ces deux premières séries, les divers éléments ont été combinés entre eux suivant des rapports simples, de manière à former des composés bien définis.

C. Silicates renfermant plusieurs bases associées à la silice et à l'alumine.

Dans cette troisième série, les divers éléments ont été combinés en rapports quelconques. Les silicates obtenus ne correspondent plus à une formule chimique exacte ; ces mélanges ont été préparés empiriquement, d'après les résultats fournis par les deux premières séries.

Série A. — La formule générale des silicates que nous avons étudiés dans cette série peut s'exprimer par la notation suivante :

$$m\ Al^2O^3,\ n\ BO,\ p\ SiO^2$$

m, n, p, étant des coefficients variables, en rapports très simples, BO représentant chacune des bases incolores que nous avons indiquées plus haut.

1° *Silicates* $m\ Al^2O^3$, $n\ K^2O$, $p\ SiO^2$. — Comme nous n'avions pas à notre disposition d'orthose, trop rare d'ailleurs à l'état de pureté pour qu'on puisse songer à l'appliquer industriellement, nous avons dû préparer ces silicates à l'aide de frites potassiques.

Les résultats ont été mauvais dans toutes nos expériences ; de tels silicates *plombent*, même dans des liqueurs acides : leur emploi est donc très difficile ; lorsqu'à grand'peine on réussit à émailler un échantillon, il arrive presque toujours qu'après la dessiccation, des retirements ou des déplacements se manifestent ; enfin, de telles couvertes présentent le défaut capital de bouillonner pendant la cuisson. A ces graves inconvénients vient se joindre celui d'une altérabilité excessive, même après une fusion et une vitrification complètes.

Nous considérons donc l'emploi de ces silicates comme impossible et l'exposé de nos expériences sur ce point comme superflu. Les seuls faits à mentionner sont les suivants : la fusibilité de ces silicates est d'autant plus grande que le rapport de l'alcali à l'alumine et celui des bases à la silice est plus élevé ; ces silicates sont très facilement absorbés *(ressucés)* par les pâtes à porcelaine, surtout lorsqu'elles sont très quartzeuses.

2° *Silicates* $m\ Al^2O^3$, $n\ Na^2O$, $p\ SiO^2$. — Les observations précédentes sont applicables aux silicates de cette catégorie.

3° *Silicates* $m\ Al^2O^3$, $n\ MgO$, $p\ SiO^2$. — Quelles qu'aient été les proportions relatives d'alumine et de magnésie employées, quel qu'ait été le degré de basicité du silicate préparé, nous n'avons pu obtenir de silicate de cette catégorie fondant à la température de nos expériences, au point de donner une masse vitrifiée : les composés les moins réfractaires étaient simplement agglomérés et n'offraient presque point de transparence.

4° *Silicates* $m\ Al^2O^3$, $n\ CaO$, $p\ SiO^2$. — La chaux favorise la fusibilité des silicates bien plus que la magnésie. Deux équivalents de chaux unis à un équivalent d'alumine donnent une couverte de basicité normale (3,60), glaçant convenablement entre 1 300° et 1 350°.

Les composés essayés ont paru d'autant plus fusibles que le rapport de la chaux à l'alumine y était plus élevé.

Le tableau suivant indique la composition de quelques-uns des mélanges préparés en vue d'obtenir des silicates alumino-calcaires [1].

Numéros	FORMULES	$\frac{A}{B}$	Kaolin calciné	Sable	Craie	SiO^2	Al^2O^3	CaO
1	$3Al^2O^3$, $4CaO$	3,60	42	53	21	72,29	15,95	11,76
2	$2Al^2O^3$, $3CaO$	3,60	33,85	53,71	22 34	72,20	15,30	12,50
3	Al^2O^3, $2CaO$	3,60	29,62	33,23	26,53	71,67	13,11	14,89
4	Al^2O^3, $3CaO$	3,60	25,80	37,03	33,74	70,52	11,27	18,31
5	Al^2O^3, $2CaO$	4,00	29,62	63,17	26,33	73,78	12,11	13,78

Dans les conditions de nos expériences, 1 et 2 ont mal glacé et se sont incomplètement vitrifiés ; 3 est bien fondu ; 4 donne une belle couverte sur la porcelaine nouvelle ; 5, qui renferme le même rapport d'alumine et de chaux que 3, mais est plus siliceux, se comporte à peu près comme 2.

D'autres mélanges, encore plus siliceux, ont à peine éprouvé un commencement de fusion.

En général, les couvertes exclusivement calcaires sont moins transparentes que les couvertes qui renferment des alcalis (soude ou potasse) : elles sont sujettes à présenter le défaut de pointillé, connu sous le nom de *coque d'œuf*.

La glaçure obtenue avec ces couvertes est moins belle sur les pâtes très quartzeuses et peu kaoliniques, que sur les pâtes plus kaoliniques et feldspathiques.

5° *Silicates* $m\ Al^2O^3$, $n\ BaO$, $p\ SiO^2$. — La baryte, substituée à la chaux, équivalent pour équivalent, donne des silicates un peu plus fusibles que ceux de la catégorie précédente. Elle donne, en certains cas, des couvertes assez bien glacées et bien transparentes, mais elle nous a paru sujette à provoquer des bouillons : elle développe la tressaillure plus que la chaux.

Parmi les mélanges barytiques que nous avons préparés, nous indiquerons les suivants :

---

(1) Nous n'avons pas cru devoir développer complètement les formules des silicates obtenus, qui, par leur complication, rendraient les comparaisons difficiles. En particulier pour le tableau ci-dessous, les formules développées seraient :

1.	$15\ Al^2O^3$, $20\ CaO$, $117\ SiO^2$
2.	$10\ Al^2O^3$, $15\ CaO$, $81\ SiO^2$
3.	Al^2O^3, $2\ CaO$, $9\ SiO^2$
4.	$5\ Al^2O^3$, $15\ CaO$, $51\ SiO^2$
5.	Al^2O^3, $2\ CaO$, $10\ SiO^2$

Nous avons préféré, en n'employant que des coefficients simples, faire saisir les différences que ces silicates présentent entre eux.

Numéro	FORMULES	$\frac{A}{B}$	Kaolin calciné	Sable	Carbonate de baryte	SiO^2	Al^2O^3	BaO
6	$3Al^2O^3, 4BaO$	3,60	43	53	41	60,22	13,29	26,41
7	$Al^2O^3, 2BaO$	3,60	24	43,81	41,53	56,92	10,86	32,22
8	$Al^2O^3, 3BaO$	3,60	18,87	43,32	48,81	53,60	8,54	37,80
9	$Al^2O^3, 3BaO$	4.00	18,87	51,50	48,81	56,23	8,07	35.70

Chauffés dans le four de porcelaine nouvelle, à la température d'environ 1350°, ces mélanges ont donné les résultats suivants :

6 a éprouvé un commencement de fusion, mais il est bouillonné ;

7 est assez bien vitrifié et glacé ;

8 est parfaitement glacé et bien transparent : il ne tressaille point sur les pâtes renfermant beaucoup de quartz ;

9, qui ne diffère de 8 que par une acidité plus forte, est intermédiaire entre 6 et 7.

Les échantillons, cuits rapidement au four Perrot, sont en général mieux glacés et moins bouillonnés que ceux qui ont été cuits et refroidis lentement dans un grand four.

6° *Silicates* $m\, Al^2O^3, n\, SrO, p\, SiO^2$. — On obtient, à l'aide de la strontiane, des résultats à peu près identiques à ceux que fournit la baryte. Toutefois, la strontiane donne un peu moins de fusibilité que la baryte. Elle ne provoque pas de bouillons comme cette dernière.

Les mélanges préparés à l'aide de cette base dérivent de ceux que nous avons indiqués, dans la catégorie précédente, par la substitution au carbonate de baryte d'une quantité équivalente de carbonate de strontiane ; celui qui renferme trois équivalents de strontiane pour un équivalent d'alumine et possède un degré d'acidité $\frac{A}{B} = 3,60$ a glacé assez convenablement à la température de nos expériences.

7° *Silicates* $m\, AlO^2, n\, ZnO, p\, SiO^2$. — Aucun des mélanges préparés avec l'oxyde de zinc n'a pu fondre dans les conditions où nous nous placions : quelques-uns se sont agglomérés. Les limites entre lesquelles ont varié les compositions des silicates que nous nous proposions d'obtenir ont été de 1 à 3 pour le rapport $\frac{ZnO}{Al^2O^3}$ et de 3,60 à 2,40 pour le degré d'acidité $\frac{A}{B}$. Les résultats obtenus avec l'oxyde de zinc sont donc tout à fait comparables à ceux que donne la magnésie.

Cette première série d'essais permet de classer de la façon suivante les bases essayées, au point de vue de la fusibilité qu'elles apportent à un silicate double alumineux, dans lequel elles se substituent les unes aux autres en quantités proportionnelles à leurs équivalents :

		Poids atomique.	
1°	Potasse	94.27	Alcalis.
2°	Soude.	62.08	
3°	Baryte	153.20	
4°	Strontiane.	103.50	
5°	Chaux	56	Alcalino-terreux.
6°	Magnésie	40	
7°	Oxyde de zinc	81	Oxyde métallique.

On remarque qu'en groupant ensemble les bases en bases alcalines et alcalino-terreuses, ce sont dans chaque groupe celles qui possèdent le poids atomique le plus élevé qui donnent le plus de fusibilité. Le fait se vérifie également pour les bases métalliques ; nous n'avons à la vérité expérimenté que l'oxyde de zinc, mais il est bien connu et bien établi que l'oxyde de plomb, qui sert pour les émaux de moufle et qui possède un poids atomique plus fort que l'oxyde de zinc, donne plus de fusibilité que celui-ci.

Nous avons cru remarquer également que le même ordre de classement peut être adopté pour exprimer la tendance de ces différentes bases à provoquer la tressaillure.

Enfin, d'une manière générale, nous avons constaté que, dans les limites dans lesquelles nous avons fait varier la composition de nos divers mélanges, la fusibilité est d'autant plus grande que le rapport de l'alumine à la base associée est plus faible et le degré d'acidité moins élevé ; toutefois, cette règle ne doit pouvoir être applicable qu'entre certaines limites, et pour chacune des bases essayées, il doit exister une valeur du rapport $\frac{\text{base incolore}}{\text{alumine}}$ correspondant à un maximum de fusibilité pour un degré d'acidité donné. Si nous considérons par exemple la chaux avec laquelle nous avons pu obtenir une couverte parfaitement fondue à la température de nos expériences, et que dans le silicate alumino-calcaire, nous fassions varier le rapport $\frac{\text{chaux}}{\text{alumine}}$ de 0 à l'infini, nous aurons, comme termes extrêmes de notre série, d'une part du silicate d'alumine simple, d'autre part du silicate de chaux, tous deux également infusibles ; il est donc certain qu'il existe une valeur du rapport $\frac{\text{chaux}}{\text{alumine}}$ correspondant à un maximum de fusibilité. Il nous a paru que cette valeur du rapport $\frac{\text{base incolore}}{\text{alumine}}$ est d'autant moins forte que la base considérée donne des silicates simples moins fusibles ; nous avons cru observer que pour la magnésie, par exemple, elle est très voisine de 2, tandis que pour la chaux elle serait supérieure à 3.

Série B. — En associant en proportions convenables deux mélanges à bases différentes, choisis parmi ceux que nous venons d'indiquer dans nos essais de la première série, on obtient après fusion un silicate renfermant deux bases incolores combinées à la silice et à l'alumine. Il était intéressant de rechercher si ce nouveau silicate présente un degré de fusibilité inférieur, égal ou supérieur à la moyenne de ceux des deux mélanges composants; la connaissance de la loi de variation de cette fusibilité pourrait en effet, si elle était suffisamment simple, permettre de préparer facilement une couverte fondant à une température donnée, à l'aide de deux autres couvertes plus ou moins fusibles.

Pour chercher à déterminer cette loi, nous avons mélangé deux à deux les silicates de chacune des bases essayées, en choisissant de préférence, pour opérer ces mélanges, ceux que nos premiers essais nous avaient indiqués comme étant les plus propres à remplir le rôle de couvertes aux températures dans lesquelles peuvent cuire les différentes pâtes de porcelaine.

La composition des silicates obtenus par la fusion de ces divers mélanges peut s'exprimer d'une manière générale par la formule

$$m\ Al^2\ O^3,\ n\ B',\ p\ B'',\ q\ SiO^2$$

B' et B" désignant successivement les diverses bases essayées, m, n, p, q, étant des facteurs variables dans des rapports simples, pour lesquels nous avons le plus souvent adopté les valeurs suivantes:

$$m = 1$$
$$n = 1$$
$$p = 1$$
$$q = 9$$

Ces nombres correspondent à un silicate renfermant équivalents égaux des trois bases et présentant le degré de basicité $\dfrac{A}{B} = 3,60$.

Nous diviserons les mélanges de cette série en différentes classes, suivant que les bases des mélanges composants seront de même espèce ou d'espèces différentes.

1° *Mélanges à bases alcalines.* — La seule association qui puisse ainsi exister est celle de la soude et de la potasse. Nous avons indiqué dans la première série les défauts que présentent les couvertes obtenues à l'aide des frittes : les inconvénients que nous avons signalés se sont renouvelés pour la plupart des mélanges dans lesquels nous avons voulu introduire simultanément de la soude et de la potasse; nous avons toutefois pu préparer quelques mélanges à bases alcalines avec

le feldspath; en faisant varier le degré de basicité d'un mélange feldspathique dans lequel le rapport de l'alumine aux alcalis est exprimé
par la formule 7 Al^2O^3, 6 NaKO, nous avons composé la série suivante:

Numéros	$\frac{A}{B}$	Feldspath	Kaolin calciné	Sable	SiO^2	Al^2O^3	NaKO
10	3,60	85,70	1,12	14,18	69,92	18,13	11,95
11	4,00	85,70	1,12	21,96	72,69	16,84	11,09
12	4,40	85,70	1,42	29,74	73,95	15,70	10,35
13	4,80	85,70	1,42	37,52	75,50	14,69	9,81
14	5,20	85,70	1,42	45,56	77,04	13,81	9,14
15	5,60	85,70	1,42	53,07	78,34	13,07	8,60

Aucun de ces essais ne s'est complètement vitrifié à la température
de nos expériences: le n° 10, seul, a glacé convenablement en donnant
un assez beau craquelé. La fusibilité de ces silicates va en décroissant
de 10 à 15; il y a lieu de remarquer que la pegmatite, qu'on emploie
à Sèvres comme couverte de la porcelaine dure dont le point de cuisson est d'environ 1525°, rentre dans cette série, où elle s'intercale,
d'après sa composition actuelle, entre les n°s 10 et 11. De cette observation on peut conclure qu'à l'aide du feldspath on ne préparera
de couvertes exclusivement alumino-alcalines que pour des pâtes
dont le point de cuisson est assez élevé soit environ 1450° au moins;
pour des pâtes cuisant à plus basse température, on sera obligé, pour
éviter les accidents qu'occasionne l'emploi des frittes, d'introduire dans
les mélanges une base nouvelle de forme insoluble, soit par exemple
la chaux à l'état de craie.

2° *Mélanges renfermant une base alcaline et une base alcalino-terreuse.*
— Ces mélanges n'ayant pu être obtenus qu'à l'aide de frittes ont
donné naissance aux accidents déjà signalés et seraient pratiquement
d'un emploi impossible. Toutefois, en opérant avec beaucoup de précautions avec des frittes tout récemment préparées et qui n'avaient pu
être encore que très peu attaquées par l'eau, nous avons obtenu d'assez
belles glaçures bien transparentes, et sans tressaillures, fondant dans
les conditions de nos expériences, à l'aide du mélange de la chaux
avec la potasse ou la soude. L'association d'un alcali avec la baryte et
la strontiane a également donné d'assez bons résultats. Dans les mêmes
conditions, la magnésie et l'oxyde de zinc n'ont pas donné de composés
suffisamment fusibles.

Nous croyons inutile d'indiquer ici les mélanges et les compositions
de frittes dont nous nous sommes servis pour ces essais, puisqu'ils ne
sont pas susceptibles d'applications.

4° *Mélanges renfermant deux bases alcalino-terreuses.* — Nous nous bornerons à indiquer ici les résultats donnés par les silicates de la formule

$$\text{Al}^2\,\text{O}^3,\ \text{B}',\ \text{B}'',\ 9\ \text{Si}\,\text{O}^2$$

dans laquelle B' et B'' désignent successivement les différentes bases alcalino-terreuses CaO, MgO, BaO, SrO, sur lesquelles ont porté nos essais.

Les mélanges que nous avons ainsi préparés ont été obtenus à l'aide des dosages suivants:

Numéros	BASES EMPLOYÉES	Sable	Kaolin calciné	Craie	Magnésie	Carbonate de baryte	Carbonate de strontiane
16	CaO, MgO	55,23	29,62	13,27	5,31	»	»
17	CaO, BaO	55,23	29,62	13,27	»	26,15	»
18	CaO, SrO	55,23	29,62	13,27	»	»	19,57
19	MgO, BaO	55,23	29,62	»	5,31	26,15	»
20	MgO, SrO	55,23	29,62	»	5,31	»	19,57
21	BaO, SrO	55,23	29,62	»	»	26,15	19,57

Les silicates obtenus par fusion de ces mélanges présentent les compositions centésimales suivantes:

Numéros	SiO^2	Al^2O^3	CaO	MgO	BaO	SrO
16	73,21	13,73	7,62	5,44	»	»
17	63,47	11,91	6,60	»	18,02	»
18	67,05	12,04	6,99	»	»	12,92
19	64,60	12,14	»	4,84	18,36	»
20	68,79	12,90	»	5,12	»	13,19
21	60,73	11,39	»	»	17,24	11,64

En général, ces mélanges, n'ont pas fondu complètement à la température de nos expériences.

16 a commencé à fondre, mais il est resté mat et opaque;

17 est assez bien glacé, mais il reste un peu louche;

18 est assez bien, mais il est encore insuffisamment glacé;

19 est resté mat comme 16;

20 n'est pas transparent et il commence à peine à glacer;

21 a assez bien glacé, mais il manque de transparence.

5° *Mélanges renfermant une base alcalino-terreuse et de l'oxyde de zinc.* — En employant équivalents égaux d'alumine, d'oxyde de zinc et de base alcalino-terreuse, nous avons préparé les mélanges suivants:

Numéros	BASES	Sable	Kaolin calciné	Oxyde de zinc	Craie	Magnésie	Carbonate de baryte	Carbonate de stronliase
22	ZnO, CaO	55,23	29,62	10,75	13,27	»	»	»
23	ZnO, MgO	55,23	29,62	10,75	»	5,31	»	»
24	ZnO, BaO	55,23	29,62	10,75	»	»	26,14	»
25	ZnO, SrO	55,23	29,62	10,75	,	»	»	19,57

ils donnent après fusion les compositions centésimales suivantes:

Numéros	SiO^2	Al^2O^3	ZnO	CaO	MgO	BaO	SrO
22	69,35	13,01	10,55	7,21	»	»	»
23	70,81	13,28	10,65	»	5,26	»	»
24	64,65	11,57	9,28	»	»	17,50	»
25	65,37	12,26	9,53	»	»	»	12,54

22 commence à transparer et semble plus fusible que le silicate dans lequel l'oxyde de zinc est remplacé par une quantité équivalente de magnésie;

23 est simplement aggloméré et n'a point fondu;

24 commence à glacer et à transparer;

25 éprouve un commencement de fusion, mais n'est point encore ransparent ni bien glacé.

Les fusibilités que nous avons observées dans cette seconde série d'essais nous ont paru en général être à peu près les moyennes des fusibilités des silicates composants, surtout quand nous avons associé deux bases de même espèce: la fusibilité semble être un peu supérieure à la moyenne quand on emploie simultanément deux bases d'espèces différentes. Ainsi les silicates Al^2O^3, $2\,MgO$, $9\,SiO^2$ et Al^2O^3, $2\,ZnO$, $9\,SiO^2$, qui dans la première série avaient présenté un degré à peu près égal d'infusibilité, ont, mélangés en quantités équivalentes au silicate Al^2O^3, $2\,CaO$, $9\,SiO^2$, donné des silicates de fusibilités différentes; celui à base d'oxyde de zinc est devenu plus fusible que celui à base de magnésie.

Nous avons réuni dans le tableau suivant les résultats de cette seconde série d'essais: les bases essayées y sont rangées en colonnes verticales et en colonnes horizontales: au point de rencontre de chaque colonne verticale et de chaque colonne horizontale, nous avons indiqué le résultat obtenu par l'association des deux bases.

	K²O	Na²O	MgO	CaO	BaO	SrO	ZnO
K²O	Fond à une température inférieure à 1350°.	»	»	»	»	»	»
Na²O	Fond à une température inférieure à 1350°.	Fond à une température inférieure à 1350°.	»	»	»	»	»
MgO	N'a pas fondu complètement.	Commence à fondre.	N'a pas fondu.	»	»	»	»
CaO	Bien fondu et bien glacé.	Bien fondu et bien glacé.	Commence à fondre.	Assez bien fondu.	»	»	»
BaO	Presque complètement fondu.	Presque complètement fondu.	Commence à fondre.	Assez bien fondu.	Assez bien fondu.	»	»
SrO	Presque complètement fondu.	Presque complètement fondu.	Commence à fondre.	A à peu près fondu.	Assez bien fondu.	Assez bien fondu.	»
ZnO	Commence à fondre.	Commence à fondre.	Commence à fondre.	Commence à fondre	Commence à fondre.	Commence à fondre.	N'a pas fondu.

— 70 —

Sérɪe C. — Les deux séries d'essais que nous venons d'exposer montrent que les mélanges renfermant des alcalis sont ceux qui nous ont donné les couvertes les plus transparentes et les mieux vitrifiées. Nous avons pu, il est vrai, obtenir sans alcalis, par exemple uniquement avec la chaux, des couvertes bien glacées, mais elles étaient toujours un peu louches et quelque peu opaques, comme si une cristallisation confuse se fût produite dans leur masse. Dans l'étude que nous avons déjà signalée sur la fusibilité des silicates, Salvetat dit à ce sujet : « Les silicates alcalins ne présentent jamais d'apparence cristalline; ils tendent même à s'opposer à la cristallisation des silicates terreux, en conservant au composé multiple l'aspect vitreux. C'est sur cette propriété qu'est fondé l'art de la vitrification. »

Nous avons signalé plus haut les raisons qui nous font rejeter l'emploi des frittes pour composer des couvertes alcalines et montré d'autre part que la pegmatite ou le feldspath, produits naturels auxquels on a recours pour introduire des alcalis dans une couverte, ne peuvent fournir des couvertes que pour des pâtes cuisant à peu près au même point que la porcelaine dure. Pour obtenir des mélanges plus fusibles, il est nécessaire d'y introduire une nouvelle base dont le silicate soit un fondant pour le silicate d'alumine.

La chaux étant le corps le plus susceptible d'une application industrielle dans ces conditions, nous avons, dans cette troisième série, étudié plus spécialement les variations de fusibilité de mélanges alcalino-calcaires obtenus par l'addition de la craie et du sable à de la pegmatite ou du feldspath, et dans lesquels nous avons fait varier les proportions relatives des divers éléments composants, sans nous occuper de la constitution ou de la formule chimique des nouveaux silicates formés.

Nous avons ainsi constaté tout d'abord que si l'on augmente, soit la silice, soit l'alumine, au détriment des autres éléments et en conservant à ces derniers les mêmes proportions relatives, on diminue la fusibilité du silicate résultant, et inversement on accroît la fusibilité en diminuant la silice ou l'alumine à l'avantage de la chaux ou des alcalis.

Si la diminution de l'alumine a lieu au bénéfice de la silice sans que la quantité de chaux ou d'alcalis soit modifiée, ou tout au moins réduite dans une égale proportion, on peut obtenir un mélange plus fusible que celui duquel on est parti.

Ainsi dans la série suivante,

Numéros	Pegmatite	Sable	Craie	SiO^2	Al^2O^3	KNaO	CaO
26	78	14	13	69,40	13,98	8,55	8,37
27	76	16	13	69,68	13,62	8,33	8,37
28	74	18	13	70,30	13,23	8,11	8,37
29	72	20	13	70,83	12,91	7,89	8,37

dans laquelle la teneur en chaux est restée constante et dans laquelle l'alumine et les alcalis ont été diminués au profit de la silice, c'est le n° 29, le plus siliceux et le moins alumineux qui a fondu le premier vers 1350°.

En continuant à faire décroître la pegmatite au bénéfice du sable, on peut encore, en employant une quantité moindre de craie, obtenir une couverte aussi fusible que 29 ; le mélange suivant est dans ce cas.

Pegmatite.	Sable.	Craie.	SiO^2.	Al^2O^3.	KNaO.	CaO.
30	66	26	9	75.08	12.23	7.48	5.19

On voit donc que la teneur en alumine influe beaucoup plus sur la fusibilité d'une couverte que la teneur en silice, puisqu'il a fallu dans le n° 30 un excès de 4.25 de SiO^2 pour contrebalancer la diminution de 0.68 d'alumine et obtenir la même fusibilité que dans le n° 29.

Il y a également lieu de remarquer que la couverte 30 renferme à peu près la même quantité de silice que la pegmatite que l'on employait comme couverte de porcelaine dure de Sèvres du temps de Brongniart, et qu'en substituant dans cette pegmatite environ 2 % de chaux à 2 % d'alumine, on a pu abaisser le point de fusion d'environ 150°. On s'explique ainsi comment certaines couvertes très siliceuses, dans lesquelles l'analyse a dévoilé jusqu'à 78 % de silice, peuvent fondre et glacer à une température relativement basse, inférieure à celle de la cuisson de la porcelaine dure de Sèvres.

De telles couvertes nous semblent devoir être en général préférées à d'autres présentant le même degré de fusibilité, mais plus basiques ; dans celles-ci, en effet, les alcalis se trouvant en présence de quantités plus considérables de bases fixes (alumine et chaux) sont plus facilement déplacés, à haute température, de leur combinaison avec la silice et se volatilisent en partie, ce qui peut produire des bouillons et des picotements qui s'accentuent encore lorsque la pièce est réchauffée à un fort feu de moufle : aussi, lorsqu'on emploie une couverte très basique, est-il nécessaire, pour obtenir une bonne glaçure, d'y supprimer presque tous les alcalis et de les remplacer par une base fixe comme la chaux ; nous avons exposé plus haut les défauts de telles couvertes.

En remplaçant la chaux par de la magnésie, de la baryte, de la strontiane ou de l'oxyde de zinc, nous avons pu obtenir des couvertes fondant et glaçant convenablement à la température de nos expériences ; les quantités à employer pour ces différentes bases sont variables d'après la fusibilité de leurs silicates ; elles ne sont point proportionnelles à leurs équivalents.

Nous signalerons parmi ces essais un curieux résultat obtenu à l'aide de l'oxyde de zinc. Comme cet oxyde donne peu de fusibilité aux mélanges dans lesquels on l'introduit, nous avons été amenés à composer avec lui des couvertes très basiques ; il en est résulté qu'au refroidissement, il s'est formé dans la masse de petits cristaux (de silicate ou plus probablement d'oxyde). Ces cristaux prismatiques sont le plus souvent associés en croix et donnent un joli effet que l'on pourrait encore améliorer si l'on arrivait à les colorer à l'aide d'un oxyde métallique d'un ton plus foncé que le reste de la couverte. Ils sont d'autant plus gros que le refroidissement a été plus lent. Les plus nets ont été obtenus à l'aide de la couverte suivante cuite à 1350°.

31	Pegmatite	55.60	SiO^2	57.49
	Sable	16 »	Al^2O^3	11.68
	Kaolin	4.40	NaKO	6.12
	Craie	12 »	CaO	6.72
	Oxyde de zinc	18 »	ZnO	18 »

Comme conclusion de tous nos essais de couvertes préparées à l'aide des silicates, nous ajouterons que d'une manière générale nous n'avons pu obtenir de glaçure convenable que lorsque le rapport de l'oxygène de la silice à l'oxygène des bases a été compris entre les valeurs extrèmes de 3 et 5,50.

Nous avons cru constater que, pour toutes les couvertes obtenues à l'aide des mêmes bases et fondant à une même température, il existe une relation assez simple entre le degré de basicité de la couverte et la teneur en alumine. Nous n'avons pu la déterminer exactement, mais elle nous a paru, dans des limites restreintes, être assez voisine de celle qui s'exprimerait par la formule :

$$A \times R = \text{constante}$$

A étant la teneur en alumine et R le rapport de l'oxygène de la silice à l'oxygène des bases.

On est d'autre part limité, dans les essais que l'on pourrait être tenté de faire pour composer une couverte destinée à une pâte de composition donnée, par ce fait plusieurs fois vérifié qu'il existe pour chaque pâte une limite maxima et une limite minima au-dessus ou au-dessous de laquelle on ne peut faire varier l'alumine de la couverte sans s'exposer à la tressaillure.

Nous croyons devoir compléter cette première partie de nos recherches sur les couvertes en indiquant quelques-uns des résultats que nous avons obtenus en substituant à une partie des silicates, des borates, des fluorures ou des phosphates.

À l'aide des borates alcalins, nous avons préparé des couvertes ne tressaillant point, bien qu'elles ne renferment qu'une quantité d'alumine bien inférieure à celle qui est nécessaire lorsque la couverte n'est composée que de silicates : on peut ainsi arriver à des couvertes

très fusibles dont nous indiquerons plus loin l'application aux fond
de couvertes colorées.

Le borate de chaux nous a également donné une bonne couverte,
bien glacée et ne tressaillant pas. En voici la composition :

    Borate de chaux. 50
    Sable. 35
    Kaolin calciné. 35

Le fluorure de calcium donne aux couvertes une fusibilité beaucoup
plus grande qu'une quantité équivalente de chaux : elles sont, de
plus, mieux vitrifiées et les oxydes colorants s'y dissolvent mieux
que dans les couvertes obtenues à l'aide de la craie. Voici un bon
dosage pour la porcelaine nouvelle :

    Fluorure de calcium 26
    Sable. 52
    Kaolin calciné. 30

Nous n'avons point observé qu'à la cuisson les gazettes fussent attaquées par les dégagements de fluor ou de fluorure de silicium.

La cryolithe, que nous avons tenté d'appliquer, a constamment fait
bouillonner nos couvertes, même employée dans de très faibles proportions (2 à 3 %).

Enfin il nous a été impossible de composer une couverte convenablement glacée, bien transparente et sans tressaillures, en employant
des phosphates : ils nous ont paru sujets à provoquer la tressaillure
et pourraient peut-être être utilisés pour obtenir des craquelés.

DEUXIÈME PARTIE. — **Couvertes colorées.** — Si, dans une couverte
incolore, on substitue en proportions convenables à une partie des
bases qu'elle renferme, un ou plusieurs oxydes métalliques, capables
de donner avec la silice des composés colorés, ou bien encore si l'on
ajoute à une couverte incolore un composé coloré qui puisse s'y dissoudre, on obtient des couvertes uniformément teintées dans leur
masse, auxquelles on donne le nom de couvertes colorées ou quelquefois aussi d'émaux de grand feu; elles doivent satisfaire aux mêmes
conditions de glaçure, de transparence et de résistance à la tressaillure que les couvertes incolores, posséder par conséquent le même
point de fusion et le même coefficient de dilatation.

Les Chinois les ont utilisées, de tous temps, pour la décoration de
leurs porcelaines et ils en ont obtenu les effets les plus variés : il nous
suffira, pour montrer tout le parti qu'ils ont su en tirer, de rappeler
leurs fonds splendides dont la seule ornementation est formée par la
juxtaposition de couleurs habilement associées, leurs pièces gravées
sous céladon, enfin tous ces innombrables objets de porcelaine blanche
peints au grand feu et décorés ensuite d'émaux de moufle.

Les couvertes colorées se distinguent des deux autres classes de produits qui servent à peindre et à décorer la porcelaine au grand feu, c'est-à-dire des *couleurs* et des *pâtes colorées*, par leur transparence et leur fusibilité. Les couleurs et surtout les pâtes sont opaques; elles communiquent à l'objet sur lequel elles sont appliquées des colorations puissantes mais sans vibration, parce qu'elles ne brillent que par la glaçure incolore qui les recouvre; absolument infusibles, elles donnent par leur rigidité une solidité très grande, mais un peu raide, à l'aspect des ornements ou des figures qui ont été modelés avec elles. Les couvertes colorées, au contraire, sont transparentes; elles vibrent par elles-mêmes; la lumière s'y joue comme elle le fait dans les pierres précieuses; enfin l'imprévu qui résulte de leur fusibilité laisse sur l'œil une impression chaude et vivante.

Les qualités spéciales de ces deux classes de produits permettent de les utiliser concurremment: lorsqu'on les applique ensemble à la décoration des porcelaines blanches, elles fournissent par l'opposition de leurs effets un résultat souvent très puissant et très harmonieux.

Il n'en est pas de même lorsqu'il s'agit non plus de peindre, mais bien de recouvrir intégralement la surface d'un objet, c'est-à-dire d'obtenir un fond plus ou moins uniforme; dans ce cas, l'emploi des couvertes colorées nous paraît devoir se substituer complètement à celui des pâtes, auxquelles on a fait naguère une place prépondérante dans la palette de Sèvres.

Nous rappelons que les pâtes colorées sont utilisées de deux façons différentes; tantôt elles servent à engober la porcelaine blanche, tantôt elles sont mélangées à la pâte elle-même avant le façonnage des objets: dans le premier cas, la matière fine, délicate et transparente de la porcelaine, est masquée par la pâte colorée et elle perd toutes ses qualités sous cette enveloppe opaque; dans le second cas, c'est-à-dire lorsqu'elle est mélangée à une couleur infusible, elle est modifiée à ce point que les qualités caractéristiques de la porcelaine disparaissent complètement et qu'on peut hésiter sur sa nature même: elle laisse sur l'œil l'impression d'une terre ordinaire, quelquefois même de métal, de bois ou de carton verni; on ne saurait y reconnaître le grain et la transparence d'une matière céramique précieuse.

Il nous a paru intéressant pour ces diverses raisons de donner un plus grand développement à l'emploi des couvertes colorées, et nous avons, dans ce but, entrepris une série de recherches dont l'exposé forme l'objet de la seconde partie de notre étude sur les couvertes.

La question n'est pas nouvelle; en effet, Brongniart a indiqué une assez grande variété de couvertes colorées destinées à la porcelaine dure; mais elles ont été presque toutes abandonnées et il n'en reste guère que deux dans la pratique courante, le *bleu de Sèvres* et le *brun écaille*. Cela tient à la difficulté qu'on éprouve à avoir des couvertes résistant à la température extrêmement élevée des fours à porcelaine ; peu d'oxydes sont capables de supporter ces cuissons sans se volatiliser et teinter le blanc de la porcelaine ; d'autre part la plupart des oxydes métalliques exigent, pour donner de riches colorations, des conditions spéciales d'oxydation ou de réduction que ne tolère pas souvent la fabrication courante. Enfin on peut ajouter que les procédés d'application usités jusqu'ici, du moins à Sèvres, rendaient l'emploi des couvertes colorées assez délicat.

L'adoption de la porcelaine nouvelle, matière cuisant à une température sensiblement inférieure à celle qui est nécessaire pour la cuisson de la porcelaine dure ordinaire, fit disparaître ces difficultés et nous permit, en nous plaçant dans les conditions adoptées par les Chinois, d'établir une palette assez complète de couvertes colorées. Dans une note précédente nous avons présenté le résultat de nos recherches sur les rouges, les flammés et les céladons, c'est-à-dire sur les couleurs qui se développent dans une atmosphère réductrice ; le présent travail traite des couvertes destinées au feu oxydant ou ordinaire.

Nous allons passer en revue successivement le mode de préparation puis les diverses applications de ces couvertes.

Modes de préparation. — La couleur des émaux de grand feu varie selon la nature des composés métalliques employés ; elle dépend aussi de la nature du fondant adopté.

Le cas le plus fréquent est celui qui résulte de l'emploi de la couverte ordinaire à laquelle on combine le colorant ; mais cette addition pure et simple n'est pas toujours possible ; en effet, l'introduction d'oxydes métalliques dans un fondant en modifie généralement la fusibilité ; elle entraînerait donc la coulure ou la tressaillure. Il faut contrebalancer cet effet par une modification dans la proportion des autres éléments basiques de la couverte, modification variable pour chaque oxyde.

Dans la couverte calcaire qui sert à la porcelaine nouvelle, c'est la craie dont on doit faire varier les proportions ; l'expérience a prouvé qu'il faut par exemple pour :

8 parties de nitrate d'urane diminuer la craie dans la proportion de.	4 parties
5 parties d'oxyde de cobalt	5 —
8 parties de colcothar.	4 —
8 parties de manganèse	4 —
4 parties d'oxyde de cuivre	4 —

L'oxyde de chrome, les chromates, les composés colorés analogues au pinck sont ajoutés à la couverte sans en modifier la teneur en chaux.

L'étude des fondants est plus complexe : elle comporte, en effet, l'examen de l'influence réciproque de tous les éléments qui les composent ; or, nous avons vu, dans la première partie de ce travail, que ces éléments sont nombreux, qu'en dehors des bases alcalines, on peut employer la chaux, la baryte, la magnésie, l'oxyde de zinc, etc., et que les modifications peuvent porter non seulement sur les bases, mais encore sur les acides, la silice pouvant être remplacée partiellement par l'acide borique ou par certains fluorures.

L'introduction des matières colorantes dans les fondants peut être réalisée par simple mélange ou par frittage ; le premier procédé s'applique spécialement aux colorants dont la composition est complexe et qui pourraient s'altérer par le frittage ; le second est le plus fréquemment employé : il permet de décomposer par calcination les sels métalliques dont la dissolution a été ajoutée à la couverte incolore, ou, dans d'autres cas, de déterminer la combinaison des oxydes ou des sels insolubles avec la silice de la couverte, de manière à former le silicate coloré ; ce frittage, généralement, ne se fait qu'avec une partie de la couverte incolore et la totalité du colorant ; on ajoute ensuite, par simple mélange, le complément de la couverte à la masse frittée.

La composition chimique des couvertes colorées n'est pas le seul point dont il faille tenir compte ; leur état physique, c'est-à-dire leur texture moléculaire et leur plasticité jouent un rôle des plus importants dans leur application. Nous sommes obligés d'entrer à ce sujet dans quelques détails.

On sait que la porcelaine peut être émaillée soit sur cuit, soit sur dégourdi ou sur cru.

L'émaillage sur porcelaine cuite est effectué en étalant sur la pièce la couverte mélangée à de l'essence de térébenthine partiellement oxydée pour la rendre adhésive, ou en saupoudrant la couverte sur la pièce à la surface de laquelle on a préalablement étalé une couche d'essence grasse. Si l'on a recours à ce procédé, il faut enlever toute plasticité aux couvertes ; elles doivent être frittées ou même fondues complètement, puis après un broyage convenable, séchées jusqu'à ce qu'elles soient débarrassées de toute trace d'humidité. Le broyage se fera à sec, de façon à ce que la couverte passe au tamis n° 40 ou 60, si l'on doit employer la pose au tamis. Si la couverte doit être posée au pinceau, il convient de la broyer à l'eau aussi finement que possible.

L'émaillage sur cuit est employé couramment à Sèvres pour les bleus et les écailles de grand feu sur la porcelaine dure ; c'est un vieux souvenir des anciens procédés de pâte tendre ; pour ces deux couleurs il donne des résultats parfaits. Mais il ne nous paraît pas devoir être recommandé pour la pose des couvertes colorées sur la porcelaine nouvelle ; en effet, par cette méthode, on n'obtient que difficilement une couche régulière de l'émail et d'autre part, il semble que les couvertes se fixent moins facilement sur la pâte biscuitée que sur la pâte dégourdie ; la combinaison se fait moins bien et on arrive avec plus de peine à obtenir cette couche intermédiaire entre la pâte et la couverte si utile pour remédier aux inconvénients qui résultent de la différence inévitable entre le coefficient de dilatation de la pâte et celui de la couverte. Aussi fréquemment a-t-on des tressaillures lorsqu'on opère ainsi. Il est évident, d'ailleurs, que la pose sur cuit est beaucoup plus dispendieuse puisqu'elle nécessite deux cuissons. Nous avons cru cependant devoir la signaler, parce qu'elle permet l'emploi de beaucoup de pièces de porcelaine plus ou moins défectueuses qui resteraient autrement sans usage possible.

Le procédé classique en Europe pour émailler la porcelaine consiste à plonger les objets dégourdis dans la couverte mise en suspension dans de l'eau. Si l'on a recours à ce procédé pour les couvertes colorées, il importe de leur donner une certaine plasticité en les composant de telle sorte qu'elles renferment de 7 à 8 % de kaolin libre; elles se déposent alors moins promptement et après le trempage adhèrent plus complètement à la porcelaine. Mais nous sommes obligés de reconnaître que l'émaillage par trempage ne nous a donné que d'assez médiocres résultats avec nos couvertes colorées; il nous a été impossible, malgré les soins les plus minutieux, d'éviter les coulures et les différences d'épaisseur inhérentes à cette manière d'opérer, défauts qui se traduisent après la cuisson par des taches et des irrégularités, d'un détestable aspect.

La méthode dont nous préconisons l'emploi est celle de l'insufflation. On sait que le procédé par insufflation est le seul qui soit usité en Chine; il permet, à côté d'autres avantages, d'émailler les pièces crues; nous l'avons indifféremment adopté sur cru ou sur dégourdi.

L'appareil dont nous nous sommes servis et que nous devons à la courtoisie de M. Loebnitz, fabricant de faïences à Paris, est un pulvérisateur du modèle le plus simple : il consiste essentiellement dans deux tubes disposés à angle droit, dont l'un plonge dans le réservoir où se trouve la couverte et dont l'autre est en communication avec une soufflerie capable de donner un courant d'air à une pression d'environ vingt-cinq centimètres de mercure. Le vase à émailler est placé sur une tournette que l'ouvrier fait tourner d'une main, tandis que de l'autre il élève et abaisse lentement et successivement le réservoir où plonge le pulvérisateur; par suite de ce double mouvement, le jet décrit à la surface du vase une hélice qui le recouvre entièrement. Il est bon de ne pas chercher à obtenir d'un seul coup l'épaisseur d'émaillage requise ; il vaut mieux arriver au résultat par la superposition de plusieurs couches minces. Dans ce but on éloigne le pulvérisateur de 30 à 40 centimètres du vase; le jet, plus étalé, n'apporte que peu de couverte à la fois au même endroit; on arrive ainsi à une régularité parfaite, en prenant les précautions suivantes : il faut opérer avec une couverte concentrée et laisser la pièce sécher après chaque insufflation. Il faut aussi avoir soin d'opérer dans un atelier dans lequel il n'y ait aucun courant d'air, car le jet du pulvérisateur deviendrait irrégulier.

Les couvertes colorées sont d'autant plus belles, elles vibrent d'autant plus sous l'œil que leur épaisseur est plus grande à la surface de la pièce, mais cet excès d'épaisseur entraîne fréquemment la tressaillure, défaut capital pour les porcelaines lorsqu'elle n'est pas voulue, c'est-à-dire, lorsque, par une régularité parfaite, cette tressaillure n'a pas les qualités de la *craquelure*. Les Chinois paraissent avoir attaché moins d'importance qu'on ne le fait en Europe, à la tressaillure; ils ont cherché, avant tout, à donner à leurs poteries un aspect éclatant et n'ont pas hésité à adopter des couvertes très siliceuses et assez alcalines qui, sous une forte épaisseur ont une transparence et un velouté du plus riche effet, mais qui sont quelquefois tressaillées.

Telles sont les règles générales qu'il convient d'observer dans la préparation et le mode d'emploi des couvertes colorées; voici quelques renseignements particuliers à chacune des plus importantes.

Les *couvertes jaunes* sont préparées avec les composés de l'urane; le moyen le plus simple de les obtenir consiste à fritter une partie des éléments de la couverte avec du nitrate d'urane. On ne peut dépasser la dose de 8 % de ce sel sans être exposé à avoir du noir au lieu de jaune; pour 8 parties de nitrate d'urane, il faut diminuer de 4 parties la craie entrant dans la couverte. On peut augmenter l'intensité de ce jaune en y ajoutant 1,28 % d'oxyde de manganèse et 0,32 % d'oxyde de fer.

Les fondants renfermant du fluorure de calcium donnent des tons jaunes plus beaux et plus intenses que le fondant calcaire; ils sont aussi moins exposés à noircir.

On obtient une couverte teintée [1], d'un très beau ton ivoiré par le mélange de :

> 90 parties de couverte ordinaire;
> 5 — de couverte jaune à 8 % de nitrate d'urane;
> 5 — de couverte à 8 % de peroxyde de manganèse.

Les couvertes à l'urane doivent être cuites dans des piles à courant d'air pour conserver leur ton, car elles sont très sensibles à l'action des gaz réducteurs qui les font noircir.

Les *couvertes bleues* sont préparées avec l'oxyde de cobalt. On sait que pour la porcelaine dure de Sèvres, on emploie de 15 à 16 % de cet oxyde. Pour la porcelaine nouvelle une dose de 5 % est suffisante; on ne peut d'ailleurs la dépasser sans s'exposer à avoir des cristallisations. Le bleu de cobalt sur la porcelaine nouvelle possède un ton moins violacé que le bleu de Sèvres ordinaire.

---

[1] Nous désignons sous ce nom des couvertes colorées très peu intenses qui, dans beaucoup de cas, remplacent avantageusement la glaçure ordinaire de la porcelaine dont la blancheur parfaite est peu favorable à la décoration.

On peut obtenir d'autres variétés de bleus en associant au cobalt divers oxydes métalliques, par exemple, de l'oxyde de fer ou de l'oxyde d'urane en quantité égale à celle du cobalt; ou un mélange d'oxyde de manganèse (5 p.) et de colcothar (1 p. 25) pour 3 p. d'oxyde de cobalt; avec un mélange de chrome et de cobalt qu'on peut employer sous la forme du chromate de cobalt à la dose de 1,5 à 2 %, on obtient de beaux tons verts bleus.

Les fondants calcaires peuvent être employés en général pour tous ces bleus; cependant pour le chromate de cobalt, il est préférable d'adopter des fondants alcalins qui lui communiquent un plus beau ton; le fondant zincique donne avec le cobalt seul une belle couverte d'un bleu pur, mais ayant quelque tendance à l'opacité.

Pour la cuisson des couvertes bleues, il faut disposer les pièces dans les parties du four où la circulation de la flamme est la plus active : on évite ainsi toutes chances de grésillement.

Nous préparons les *couvertes roses* avec le pinck-colour; on obtient cette couleur, d'après le procédé de Malaguti, en calcinant un mélange de 100 grammes d'oxyde d'étain et de 31 grammes de craie arrosés avec une dissolution de 3 à 4 grammes de bichromate de potasse.

Le pinck-colour est mêlé à la couverte calcaire ordinaire à la dose de 8 %, sans diminution de craie. Il donne des tons roses un peu opaques quelquefois, mais d'une grande richesse à la lumière artificielle.

Les fondants alcalins altèrent le pinck et en diminuent l'intensité. Il faut éviter, dans la cuisson, l'excès de la température et le contact d'une flamme réductrice qui détruirait la couleur.

Nous avons fréquemment observé la formation de couleurs roses sur des vases émaillés avec une couverte renfermant de l'étain, qui se trouvaient dans le voisinage d'autres pièces contenant des composés chromiques; le transport par volatilisation d'une partie du chrôme qu'ils renferment déterminait le développement de la couleur.

Un rose analogue est obtenu par la simple introduction d'environ 0,2 % d'oxyde de chrome dans un fondant zincique.

On peut obtenir une couverte bien transparente, colorée en rose clair par l'addition à la couverte normale d'une solution de chlorure d'or à la dose de 1 partie d'or pour 100 parties de couverte et frittage ultérieur.

Une *couverte violette* d'un beau ton peut être préparée par le mélange suivant: 10 parties de couverte à 8 % de pinck et 1 partie de couverte à 5 % d'oxyde de cobalt. Il est nécessaire de cuire en courant d'air, à un feu modéré.

Les *couvertes vertes* sont préparées avec le cuivre ou avec le chrome.

L'oxyde de cuivre à la dose de 5 °/₀ donne un beau ton vert clair dans les fondants calcaires; la quantité de craie doit être diminuée du poids de l'oxyde ajouté.

Les fondants alcalins donnent des tons plus bleutés, moins verts que les fondants à base de chaux, de magnésie ou de zinc.

Il faut cuire en atmosphère oxydante pour éviter la réduction et la formation de rouge.

L'oxyde de chrome est employé à la dose de 2 % dans les fondants calcaires; la craie ne doit pas être diminuée. Dans ces conditions, la couverte est assez transparente: le ton en est toujours un peu terne, il grise à la lumière artificielle.

Les fondants alcalins et les fondants renfermant du fluorure de calcium donnent avec le chrome des tons plus beaux qu'avec le fondant calcaire; la dose de colorant ne doit pas dépasser 0,5 %. Ces couvertes de chrome donnent dans la flamme réductrice ou neutre un ton plus pur que dans la flamme oxydante qui les fait un peu jaunir.

Enfin par l'emploi simultané du chrome et du cuivre, on peut obtenir de beaux tons vert d'eau; nous les préparons avec le chromate de cuivre à la dose de 3 %, sans diminution de chaux.

Les *céladons* s'obtiennent avec le fer dans une atmosphère réductrice; nous en avons indiqué la préparation ailleurs. Mais on peut en flamme oxydante obtenir des tons analogues et aussi transparents avec les oxydes dont nous venons de parler, soit isolés, soit additionnés d'autres corps; ainsi le mélange de 1,5 % d'oxyde de cuivre et de 0,02 d'oxyde de cobalt donne un céladon bleuté très fin; le mélange de 3 % d'oxyde de cuivre, 5 % d'oxyde d'étain et 0,5 % d'oxyde de fer donne un céladon très voisin de celui des Chinois. On peut modifier bien entendu ces tons à l'infini et leur donner de l'intensité à l'aide du chrome.

Les *couvertes brunes* peuvent être préparées avec divers oxydes; suivant la nature, la quantité et la proportion relative des oxydes employés, on obtient des tons différents dont on peut former une gamme très variée et très étendue.

Avec le peroxyde de manganèse employé à la dose de 4 à 8 % on a des tons brun-clair dans la couverte calcaire, brun rosé dans les couvertes alcalines. L'addition de 4 % de chromate de fer à une couverte manganésifère à 8 % lui donne une grande intensité; une telle couverte exige un fort feu pour ne pas se métalliser. Avec 8 % de peroxyde de manganèse et 3 % de peroxyde de fer, qui tout seul ne produit que de mauvaises couleurs, on a un ton brun jaune assez beau.

L'emploi du manganèse dans la couverte calcaire exige la diminution de la craie dans une proportion égale à celle de la moitié du manganèse. Dans la couverte au fluorure de calcium il donne des tons intéressants et d'une belle transparence.

Le titane et le tungstène augmentent l'intensité des tons obtenus avec le manganèse et le fer, mais en diminuant leur transparence; les résultats sont meilleurs avec une couverte alcaline ou une couverte au fluorure; de toutes façons ils demandent un feu réducteur.

On sait qu'avec le fer et le manganèse on produit sur la porcelaine dure la belle couverte connue sous le nom d'écaille; la proportion des oxydes adoptés pour cette préparation est trop forte pour la porcelaine nouvelle dont la température de cuisson plus basse s'oppose à la dissolution d'aussi fortes doses. Mais on peut tourner la difficulté de la façon suivante : on fond le mélange suivant :

Sable	40
Fluorure de calcium	20
Peroxyde de manganèse	32
Peroxyde de fer	8

et on l'applique finement broyé sous la couverte blanche. Cuit à fort feu dans les endroits du four où la circulation de la flamme est très active, il donne un très beau ton brun rouge; l'émail coule assez facilement en produisant des effets imprévus et intéressants.

Le nickel communique aux diverses couvertes une couleur d'un brun grisâtre sans grand intérêt.

Les *couvertes noires* sont, comme les précédentes, préparées avec des mélanges de diverses substances colorantes, dont les proportions relatives déterminent la prédominance de telle ou telle nuance. Le seul noir obtenu directement provient de l'urane; on le prépare avec 10 % de nitrate d'urane fritté avec la couverte ordinaire diminuée de 5 % de craie ; cette couleur ne se développe qu'en feu réducteur.

Les mélanges adoptés pour le feu ordinaire sont les suivants :

	Noir bleu	Noir verdâtre	Noir brun
Chromate de fer calciné	6	4	3
Chromate de cobalt précipité . .	3	2	»
Oxyde de cobalt	4	»	2
Peroxyde de manganèse	»	4	6
Peroxyde de fer	»	»	2

Comme ces couvertes, très riches en oxydes colorants, sont sujettes à se métalliser pendant la durée du refroidissement, il est bon de les recouvrir d'une légère couche de couverte blanche ordinaire.

L'augmentation des chromates donne de mauvais résultats.

Telles sont les principales colorations obtenues par l'introduction d'oxydes métalliques dans nos divers fondants; nous avons, sans succès, cherché à tirer parti des indications fournies avec d'autres métaux par l'emploi du chalumeau, qui donne, comme l'on sait, des perles colorées avec le cérium, le vanadium, le didyme, le molybdène, etc.

Les couvertes colorées dont nous avons parlé jusqu'ici se fixent sur la porcelaine nouvelle sans tressaillures, c'est-à-dire comme la couverte ordinaire. Mais certaines couleurs ne peuvent être obtenues que dans des conditions qui entraînent forcément la craquelure ; tel est par exemple le cas du *violet aubergine* et surtout du *bleu turquoise*, l'une des plus riches et des plus éclatantes parmi les couleurs céramiques ; en effet, elles ne peuvent être obtenues que combinées à un fondant très alcalin et privé d'alumine.

Nous avons cherché et nous avons réussi à préparer un bleu turquoise résistant aux cuissons de porcelaine nouvelle et donnant, non point des tressaillures irrégulières, mais un véritable craquelé. Voici les règles qu'il convient d'observer pour cette préparation : l'alumine doit être absolument éliminée du fondant ; elle donne au turquoise un ton verdâtre désagréable : il faut donc préparer un verre alcalin non alumineux. On peut dans ce verre associer aux alcalis l'oxyde de zinc, la magnésie, la chaux et la baryte ; la magnésie et l'oxyde de zinc donnent un ton vert non turquoisé ; la chaux développe l'écaillage ; c'est avec la baryte que nous avons obtenu le plus beau ton et avec le moins de chances d'accidents.

Le fondant est donc un verre alcalino-barytique : pour l'obtenir le plus dur possible, nous l'avons composé très siliceux et le moins alcalin possible. Le rapport de l'oxygène de la silice à l'oxygène des bases a été porté à 5,10. Nous avons reconnu que pour obtenir un ton satisfaisant il convient d'employer au moins deux fois et demie autant de soude que d'oxyde de cuivre. Sur ces données résultant d'un grand nombre d'essais, nous avons préparé la couverte suivante qui a donné de très bons résultats :

Sable	54,16
Carbonate de soude sec	17,50
Carbonate de baryte	24,16
Oxyde de cuivre	4,17

correspondant à :

Silice	61,75
Soude	11,66
Baryte	21,44
Oxyde de cuivre	4,75

Il faut poser cet émail sur porcelaine biscuitée et à une forte épaisseur ; on obtient ainsi un craquelé très beau. Pour avoir plus d'intensité, on peut commencer par recouvrir le fond de taches ou de marbrures de silicate ou d'oxyde de cobalt ; le turquoise se pose par-dessus le bleu qu'il entraîne plus ou moins dans ses coulures et avec lequel il détermine ainsi la production d'effets très puissants.

L'encastage doit être fait dans les piles les moins chaudes, en pied et avec courant d'air; pour le terrage, il faut proscrire l'alumine et employer uniquement du sable.

Une classe toute différente de couvertes est celle que, sous le nom de *couvertes à coulures,* nous avons composée pour produire des fonds colorés, marbrés et jaspés. Elles sont obtenues à l'aide d'oxydes colorants et de fondants rendus très fusibles par d'assez fortes proportions de borax, qui permettent d'abaisser jusqu'à 7 % leur teneur en alumine, sans chances de tressaillures. Nous avions ainsi composé une palette complète de couvertes colorées, mais l'expérience nous ayant prouvé que l'emploi de nos couvertes colorées ordinaires, avec interposition d'un ou de deux fondants incolores destinés à développer les coulures, donne le même résultat, nous l'avons supprimée pour simplifier le nombre de nos préparations.

Voici la composition de ces deux fondants incolores :

	Fondant transparent (1)	Fondant opaque (2)
Pegmatite	18,66	36,36
Sable	17,70	36,36
Craie	15,92	16,36
Borax fondu	17,70	10,92

correspondant à :

Silice	56,19	67,02
Alumine	9,12	7,06
Alcalis	11,17	7,81
Acide borique	13,32	8,23
Chaux	9,59	9,87

Application des couvertes colorées. — Les couvertes colorées dont nous venons d'indiquer la préparation sont susceptibles d'applications nombreuses et variées.

On peut les utiliser soit en peinture sur fond blanc, soit en fonds destinés à recouvrir la pièce tout entière.

Voici pour le premier cas les différents genres auxquels nous les avons appliquées :

1° Peinture d'ornements, camaïeux ou polychromes, sur fond blanc, avec ou sans accompagnement de figures ou d'ornements en couleurs fixes sous couverte; le tout pouvant être enrichi de rehauts de pâtes;

2° Ces mêmes genres de décoration enrichis par des effets de gravure dans la pâte ou de craquelés;

3° Ces mêmes genres de décoration enrichis d'émaux de moufle.

Dans le second cas, les couvertes colorées sont susceptibles d'emplois encore plus nombreux :

1° Citons d'abord les effets de gravure dans la pâte, sous couverte

très transparentes, comme les céladons, les turquoises et les teintes
très claires : des rinceaux et des ornements délicats gravés à la pointe
constituent un mode de décoration d'une grande finesse pour les pièces
de petites dimensions;

2° Pour les pièces plus grandes, destinées à être vues à une certaine
distance, les procédés de gravure doivent être modifiés: ce ne sont
plus des traits fins qu'il faut adopter : il faut creuser des sillons profonds, former des reliefs très saillants, afin que l'émail s'accumulant
dans les creux prenne par l'épaisseur de sa couche une coloration intense; les figures et les ornements modelés et sculptés dans la pâte
acquièrent ainsi une valeur suffisante pour être nettement perçus à
distance.

On peut enrichir de telles pièces avec des pâtes d'application *sur* ou
sous la couverte.

3° Nous avons obtenu d'autres effets par le procédé suivant : on
recouvre la pièce d'une couche uniforme de couverte intense : sur cette
couche on grave des ornements et des figures, de manière à retrouver
la porcelaine blanche, et l'on applique, soit au pinceau aux endroits
gravés, soit à l'insufflateur sur toute la pièce, une couche de couverte
claire différente de la première; les ornements se détachent ainsi sur
un fond plus intense : l'association du jaune et du noir, du brun et
du noir, du bleu et du jaune, ou simplement de deux couvertes de
même couleur mais d'intensités différentes, donne de beaux effets.

4° Lorsqu'on veut produire des objets décorés uniquement par des
jeux de fonds, on peut employer le moyen suivant : on applique sur
la pièce dégourdie une couche uniforme de couverte colorée, puis, à
l'aide d'un pinceau ou d'une éponge, on jette des marbrures ou des
taches d'une autre couleur qui s'harmonise bien avec la première; on
recouvre le tout d'une couche mince de couverte incolore qui dé-
grade et modèle les tons, nappe les surfaces et les rend unies.

5° C'est pour cet emploi spécial que nous avons préparé les *couvertes à coulures*. Voici la manière de les utiliser : on pose sur la porcelaine dégourdie un fond uniforme d'une couverte colorée ordinaire,
par-dessus laquelle on applique une couche mince du fondant transparent (1); la pièce étant ainsi préparée est peinte avec des marbrures
ou des jaspés de celles des couvertes colorées qui s'harmonisent le
mieux avec le fond; le tout est recouvert d'un nouveau glacis du fondant transparent qui mélangera intimement et entraînera les couleurs
dans une sorte de lave. Le fondant opaque (2) sert à produire des taches
et des nuages blancs qui, habilement combinés aux autres effets, sur
des fonds intenses, produisent des décors d'une grande richesse.

Ce moyen de décoration, simple et rapide, a été largement utilisé
à la manufacture de Sèvres. On peut lui donner une grande valeur
artistique et transformer les objets ainsi décorés en véritables bijoux

par des applications d'ors ou d'émaux de moufles qui jouent le rôle de sertissures.

Nous l'avons également appliqué à la décoration des figurines et des bustes que Sèvres produit en grandes quantités sous la forme de « biscuits ». Les modelés et les creux peuvent être accusés par un *patinage* à l'aide d'oxydes colorants, de couvertes intenses ou de couleurs fixes ; puis, en des endroits déterminés par la nature et la forme de l'objet, on applique des couches de fondant opaque ; par-dessus ces préparations, on pose à l'insufflateur une couche mince, d'abord de couverte colorée, puis de fondant transparent.

On obtient ainsi des effets que nous croyons absolument nouveaux ; les objets de sculpture prennent sous ces glaçures riches et transparentes une chaleur et un éclat qui rappellent le jade et l'ivoire. C'est surtout avec les couvertes céladon et jaune que les meilleurs résultats ont été obtenus. Différant des figures en terre ou des faïences émaillées dont l'aspect est généralement froid, ces sculptures colorées ne rappellent en rien non plus les statuettes peintes, dont les couleurs opaques masquent la matière ; elles se rapprochent davantage des pièces connues sous le nom de « blanc de Chine », dont l'émail, sous sa couche épaisse et grasse, laisse deviner une substance fine et transparente.

VII

SUR LES PORCELAINES DITES CRAQUELÉES
PAR CHARLES LAUTH ET G. DUTAILLY.

On désigne sous le nom de craquelées des porcelaines dont la couverte est fendillée d'une façon régulière, de façon à former sur la pièce une sorte de réseau.

La craquelure est plus ou moins serrée : souvent elle se présente sous la forme de lignes brisées, très distantes les unes des autres ; souvent au contraire elle est très fine et ressemble à des sortes d'écailles de poissons, ce qui lui fait donner, dans ce cas, le nom de truitée ; les Chinois la colorent au moyen de la fumée ou de l'encre de Chine ou encore avec diverses couleurs ; elle constitue alors une véritable décoration qui, par sa variété et son imprévu, est très appréciée des céramistes.

Très fréquemment on voit, sur une même pièce, des zônes de craquelé large à côté d'autres zones truitées et de parties parfaitement unies décorées en bleu sous couverte ; la juxtaposition de ces différents effets montre que les artistes qui ont exécuté ces pièces sont maîtres de ces effets, qu'on ne peut en conséquence attribuer à un hasard de fabrication.

Il est vraisemblable qu'à l'origine ce n'étaient que des tressaillures, c'est-à-dire un véritable accident; l'étude patiente du phénomène l'a transformé et a permis de l'utiliser comme moyen de décoration.

Les craquelés sont d'autant plus appréciés qu'ils sont bien réguliers, que les mailles du réseau sont de même forme polygonale et non traversées par de longues lignes indépendantes, enfin que les fissures n'altèrent pas le glacé de la porcelaine, de telle sorte que la main ne perçoive aucune solution de continuité sur la surface de la pièce.

Nous avons recherché les conditions dans lesquelles il faut se placer pour obtenir le craquelé; bien que le résultat de nos essais ne nous permette pas de donner une formule absolue, nous croyons que les règles que nous avons tirées de nos observations pourront utilement être consultées par les praticiens.

Le craquelé est dû à une différence entre le coefficient de dilatation de la couverte et celui de la pâte sur laquelle elle est appliquée; il résulte, en d'autres termes, de ce que la couverte, qui sous l'influence d'une température élevée s'est fondue à la surface de la pâte, ne prend pas pendant son refroidissement la même retraite qu'elle. Supposons qu'elle se contracte plus : on voit que, dans l'impossibilité où elle est de suivre le même mouvement que la pâte, elle se fissurera, se fendillera plus ou moins régulièrement; les vides qui se formeront ainsi pourront être remplis de couleur, et deviendront apparents; s'ils sont bien réguliers, ils prendront le nom de craquelé.

Comme nous l'avons dit plus haut, c'est une tressaillure, mais une tressaillure réglée; c'est donc l'étude de cet accident qui doit donner le moyen d'obtenir le craquelé.

On peut dire d'une façon générale que la tressaillure se manifeste, soit lorsqu'une pâte et une couverte, dont les compositions ont été mises en harmonie, ne sont pas cuites au point voulu, soit lorsque la pâte et la couverte ne sont pas en accord parfait pour une température déterminée.

Il faut donc tenir compte de ces trois facteurs et étudier successivement leur influence.

Examinons d'abord l'action de la chaleur. Dans une cuisson normale de porcelaine, au moment où la température atteint son point le plus élevé, le chauffeur retire du four des témoins constitués par des fragments de matière identique à celle qui est à cuire et disposés de façon à pouvoir être facilement prélevés dans une pile.

Généralement on constate à cette première montre que la pâte commence à être transparente et que la couverte est bien glacée; quelques instants après la prise de l'échantillon, il se forme des tressaillures qui sont l'indication d'un feu insuffisant. On continue donc à chauffer; une ou deux heures plus tard, un nouveau témoin retiré du four ne donne plus, au lieu d'un réseau de fendilles, que quelques tressaillures; une nouvelle prolongation de feu est reconnue nécessaire et on ne s'arrête que lorsque l'expérience a prouvé que le refroidissement ne détermine aucun accident. Ainsi, l'accord se fait petit à petit, sous l'influence de la chaleur, entre la pâte et la couverte; la combinaison des divers éléments qui forment la pâte se fait peu à peu, et au fur et à mesure que cette combinaison a lieu, le coefficient de dilatation de la pâte se modifie jusqu'à ce qu'il soit devenu exactement celui de la couverte elle-même.

C'est du moins ce qui se passe lorsqu'il s'agit d'une couverte simple comme celle de Sèvres, formée, comme l'on sait, d'une seule substance. Comme en général la couverte est formée de plusieurs éléments, le phénomène est plus compliqué, puisque ce ne sont plus seulement les silicates de la pâte qui se transforment successivement, mais encore ceux qui constituent le mélange employé pour la couverte.

Dans l'un et l'autre cas, il est probable d'ailleurs qu'il se forme entre la pâte et la couverte une combinaison partielle et qu'au contact des deux il existe une zone intermédiaire de composition moyenne et déterminant une sorte d'homogénéité qui maintient l'équilibre.

La tressaillure n'est pas occasionnée seulement par un *manque* de feu; un *excès* de feu la détermine également et la raison en est facile à comprendre : si l'on prolonge la cuisson lorsqu'on est arrivé au point où les coefficients de dilatation de la couverte et de la pâte sont identiques, la structure intime de la pâte continue à se modifier; les éléments kaoliniques tendent de plus en plus à entrer en combinaison avec les fondants; de nouveaux silicates se forment, possédant d'autres propriétés physiques, et comme les mêmes réactions ne se passent pas dans la couverte, l'accord qui existait à un moment donné est rompu de nouveau.

Ces faits sont vrais non seulement pour les couvertes de grand feu, mais encore pour les émaux et les vernis de moufle qui sont fréquemment employés par les Orientaux et qui actuellement sont aussi entrés dans la pratique de la décoration de notre porcelaine nouvelle à Sèvres. L'accord n'existe entre ces émaux et la pâte à laquelle ils sont destinés que si elle a été cuite à une certaine température; l'incuisson ou une cuisson trop forte entraîne la tressaillure ou un autre défaut non moins grave, l'écaillage. Inversement, si, au lieu d'émaux homogènes avec la porcelaine, on emploie ceux qu'on a préparés en vue d'obtenir des craquelés, on constate que le truité, bien régulier lorsque l'émail est appliqué sur une porcelaine cuite dans les conditions voulues, devient défectueux lorsque la porcelaine n'a pas atteint ou a dépassé le point convenable.

En un mot le craquelé doit être considéré comme le résultat d'un fait momentané.

On serait peut-être porté à croire, d'après ce que nous venons de dire sur les couvertes de grand feu, qu'en arrêtant la cuisson très tôt, c'est-à-dire à la période où les tressaillures se manifestent encore, on aurait des porcelaines craquelées; ce serait une grande erreur. La porcelaine, à cet instant, n'est pas encore faite; la pâte est transparente il est vrai, bien qu'insuffisamment, mais la combinaison de ses éléments n'a pas eu le temps de se compléter, et la rupture des pièces serait certaine après le refroidissement, si l'on s'arrêtait à ce moment. Il faut absolument que la vitrification normale de la pâte soit obtenue; il n'y a pas de porcelaine sans cela.

Mais en raison de ce fait que la production des tressaillures est en connexité absolue avec la température atteinte, la détermination très exacte des diverses circonstances et du point final de la cuisson est une condition nécessaire du succès pour obtenir des craquelés. Nous avons cru devoir nous étendre sur ce point, parce qu'à Sèvres, où la multiplicité des fabrications et la nature essentiellement variable des enfournements entraînent de grandes différences dans le mode de cuisson, nous avons dû recommencer nos essais un grand nombre de fois, pour n'avoir pas tenu un compte suffisant de ces variations.

Le point de cuisson étant bien fixé et arrêté, la pâte et la couverte étant convenablement réglées pour donner une porcelaine parfaite à cette température, il faut rechercher les modifications à introduire dans la marche normale pour obtenir le craquelé.

C'est uniquement par des changements dans la composition des matières à cuire que le but sera atteint; c'est par un désaccord entre la pâte et la couverte, désaccord qu'on doit réaliser tout en produisant de la porcelaine. On peut y arriver, soit en modifiant la composition de la pâte et en conservant la couverte normale, soit en modifiant la composition de la couverte et en conservant la pâte normale.

La seconde méthode est la plus commode; au point de vue industriel, elle nous paraît plus pratique, pour plusieurs raisons : la première, c'est que les recherches sur la composition d'un mélange destiné à cuire à une température fixe sont très complexes, en raison du grand nombre de qualités que l'on exige d'une pâte : plasticité, facilité de travail, blancheur, transparence, résistance à la déformation; la seconde raison, c'est que fréquemment on cherchera à juxtaposer le craquelé et la couverte normale; en modifiant la pâte de façon à obtenir du craquelé avec la couverte ordinaire, on sera ultérieurement forcé de chercher une couverte qui ne craquelle pas sur cette nouvelle pâte : ce seront donc deux séries d'expériences au lieu d'une qu'il faudra poursuivre.

La pâte dont nous nous sommes servis dans nos essais est celle que l'on emploie actuellement à Sèvres pour la fabrication du biscuit; elle est essentiellement feldspathique et argileuse, elle ne renferme que peu de silice libre. Sa composition est représentée par les chiffres suivants :

Silice 66

Alumine 27

Alcalis 7

Cette pâte cuit aux environs de 1 350°, le point de cuisson de la porcelaine dure ordinaire étant d'environ 1 520°.

Les recherches faites pour transformer dans le sens voulu la couverte normale qui sert à cette porcelaine ont été absolument empiriques : en effet, si d'une façon générale on connaît les lois de la fusibilité des silicates multiples, on n'a aucune notion sur les rapports qui existent entre leur composition et leur coefficient de dilatation ; ce coefficient semble d'ailleurs varier avec la température à laquelle le silicate a été porté ; il est probable que la constitution chimique de ces silicates complexes se modifie avec les températures atteintes, par une répartition différente de la silice entre les bases avec lesquelles elle se trouve en contact. La connaissance de ces rapports n'aurait d'ailleurs que fort peu d'intérêt et d'importance dans le cas présent, parce que la couverte, se modifiant pendant la cuisson au contact de la pâte, ne possède plus finalement la même composition que celle dont on aurait auparavant et à grand'peine déterminé le coefficient de dilatation.

Dans tous les essais que nous avons tentés et malgré la persistance que nous y avons mise, nous n'avons pu obtenir de craquelé sans modifier un peu en plus ou en moins le degré de fusibilité de la couverte normale.

L'excès de fusibilité s'obtient par l'augmentation des alcalis ; la diminution, par l'augmentation de la silice ou de l'alumine. Dans l'un et l'autre cas, on est obligé de modifier les rapports de *tous* les éléments constitutifs de la couverte ; on ne pourrait, sans cela, obtenir un composé glaçant à peu près convenablement à la température de cuisson voulue ou qui ne se dévitrifie pas par l'effet d'un refroidissement lent.

L'excès de fusibilité de la couverte entraîne de nombreux inconvénients : la pâte est trop facilement attaquée ; la rupture des pièces est fréquente ; si la couverte est posée mince, elle peut être absorbée et ne glace plus ; si on la pose épaisse, elle est exposée à couler au pied des vases, à former des bourrelets et à donner naissance à des craquelés très irréguliers, à cause de la différence des épaisseurs ainsi obtenues ; enfin, ces couvertes fusibles sont très altérables : elles donnent fréquemment lieu, lorsqu'on les passe en moufle, à des pustules ou à du mat.

La méthode basée sur l'augmentation des éléments réfractaires est donc la seule convenable ; il est probable, d'ailleurs, que c'est celle que suivent les Chinois : leurs craquelés présentent en effet généralement une glaçure un peu moins parfaite que leurs couvertes ordinaires, ce qu'il est aisé de vérifier sur celles de leurs pièces où les deux genres de couvertes sont juxtaposés.

Nous trouvons à cette méthode plusieurs avantages : la pâte est très peu attaquée ; la couverte n'est pas absorbée ; on peut donc la poser très mince et, dans ces conditions, les chances de ruptures deviennent faibles ; en effet, pendant la période du refroidissement, au moment où le retrait a lieu et où, sous l'influence de la différence de dilatabilité, le déchirement s'opère, la couverte, peu épaisse par rapport à la pâte, cède sans entraîner de fissures dans cette dernière.

C'est avec l'augmentation de la silice, correspondant à une diminution de l'alumine dans la couverte normale, que nous avons obtenu le craquelé le plus beau et le plus régulier.

Après divers tâtonnements, nous avons définitivement adopté, pour la pâte dont nous avons parlé plus haut, la couverte suivante :

Pegmatite	51.50
Sable	33
Kaolin	6
Craie	5

Voici le rapport des éléments qu'elle renferme, comparativement avec la couverte normale :

	Couverte pour craquelés.	Couverte normale.
Silice	79.42	66.18
Alumine	11.89	14.55
Alcalis	5.81	3.55
Chaux	2.88	15.90

Comme on le voit, la silice est considérablement augmentée ; le degré de fusibilité voulu a été maintenu par une forte diminution de l'alumine.

Avec l'augmentation de l'alumine, on arrive également à obtenir du craquelé : en voici un exemple :

Feldspath	85.70
Sable	14.18
Kaolin	1.42

correspondant à :

Silice	69.92
Alumine	18.13
Alcalis	11.95

mais nous considérons cette dernière méthode comme moins avantageuse que la première ; le craquelé est moins beau et il nous a paru, de plus, que ces couvertes alumineuses entraînaient plus facilement que les autres la rupture des pièces sur lesquelles elles sont appliquées.

Que l'on adopte l'une ou l'autre méthode, il faut toujours, dans le calcul des modifications à introduire dans la composition de ces couvertes calcaires, considérer comme particulièrement favorable la substitution des alcalis à la chaux; l'expérience nous a montré qu'ils donnent un craquelé plus beau. Comme les alcalis apportent à une couverte plus de fusibilité qu'une quantité équivalente de chaux, on peut, en outre, dans le cas des couvertes plus alumineuses, c'est-à-dire plus réfractaires, ne pas augmenter la proportion des bases. Dans l'exemple que nous avons choisi à dessein, on voit que la substitution des alcalis à la chaux a été complète; malgré la faible quantité d'alcalis et l'augmentation de l'alumine, le point de fusion est resté sensiblement le même.

De l'ensemble des faits que nous avons observés non seulement sur la porcelaine dont il a été question jusqu'ici, mais encore sur une série d'autres produits que l'industrie privée avait bien voulu mettre à notre disposition, nous avons cherché à tirer une règle générale pour l'obtention du craquelé.

En comparant la composition des couvertes types pour une pâte déterminée et celle de ces mêmes couvertes modifiées pour donner du craquelé, on voit que ces derniers diffèrent du type correspondant par augmentation ou par diminution de l'alumine; dans le premier cas, le degré de fusibilité nécessaire pour maintenir la glaçure est obtenu par une addition des autres bases, dans le second cas par une diminution de ces bases et par conséquent dans une augmentation de la silice.

Bien que nous ayons adopté, comme nous l'avons dit plus haut, une pâte usuelle à Sèvres et que ce soit par une modification de la couverte que nous ayons cherché à fabriquer les craquelés, nous voulons indiquer les essais tentés en vue d'arriver au même résultat en partant au contraire d'une couverte déterminée. Nous avons entrepris ces expériences parce qu'à diverses reprises les pièces recouvertes de craquelé s'étaient fendues; il était rationnel d'attribuer ces accidents à la texture siliceuse de la pâte; lorsqu'elle est combinée à sa couverte normale, elle présente le degré de résistance voulu, mais il n'en est plus de même lorsque la couverte est craquelée c'est-à-dire lorsque l'équilibre général est imparfait. Il y avait lieu d'essayer l'emploi de pâtes plus résistantes, en d'autres termes plus argileuses.

Nous avions également pour but de pouvoir adopter pour couverte la roche qui sert dans la fabrication de la porcelaine dure ordinaire de Sèvres; l'emploi d'une matière naturelle est toujours préférable à celui de mélanges artificiels. L'expérience d'ailleurs nous avait montré que même au feu de porcelaine nouvelle, la pegmatite glace convenablement lorsqu'elle est appliquée sur une pâte appropriée qui en favorise la fusion.

Pour donner à des pâtes plus argileuses, dont le point de cuisson est naturellement relevé, la possibilité de se transformer en porcelaine à la température voulue, il fallut y augmenter la proportion de feldspath; sur de telles pâtes nous avons constaté que le craquelé s'obtient d'autant mieux que la pâte renferme moins de quartz.

Pour ne pas étendre davantage l'exposé de ces recherches, nous nous contentons de donner le terme extrême de la série des essais entrepris dans cette voie; il est représenté par la composition suivante :

Kaolin.	52,50
Feldspath	42,50
Quartz.	5 »

correspondant à :

	Pâte crue.	Pâte cuite.
Sable	58,5	63,57
Alumine.	28 »	30,44
Alcalis.	5,5	5,93
Eau	8 »	» »

L'émaillage des pièces destinées aux craquelés se fait normalement; il est bon d'opérer par trempage plutôt que par insufflation; l'épaisseur de la couche de couverte doit être moyenne; elle influe sur les dimensions du craquelé et ce n'est que l'expérience qui pourra renseigner exactement le fabricant sur ce point.

Si l'on veut obtenir du craquelé *fin*, il faut prendre l'une des formules que nous avons indiquées; pour l'obtenir à mailles plus larges, on étend la couverte pour craquelé avec de la couverte normale; plus cette addition sera importante, plus les mailles seront élargies.

Il est prudent de donner aux vases destinés à cette fabrication une épaisseur assez forte; on évitera ainsi toutes chances de rupture.

Si l'on veut, comme les Chinois le font, juxtaposer les couvertes craquelées et la couverte ordinaire, on procède par réserve ou enlevage; on peut, à ce moment, peindre avec des couleurs de grand feu sur les parties non émaillées; lorsque la décoration est terminée, on la laisse sécher et on la recouvre ensuite, au pinceau, ou à l'aide de l'insufflateur, de la couverte appropriée.

BIBLIOTHÈQUE NATIONALE — R.F. — IMPRIMÉS

TABLE DES MATIÈRES

PARIS. — IMPRIMERIE CHAIX, RUE BERGÈRE, 20, PARIS. — 17212-8.

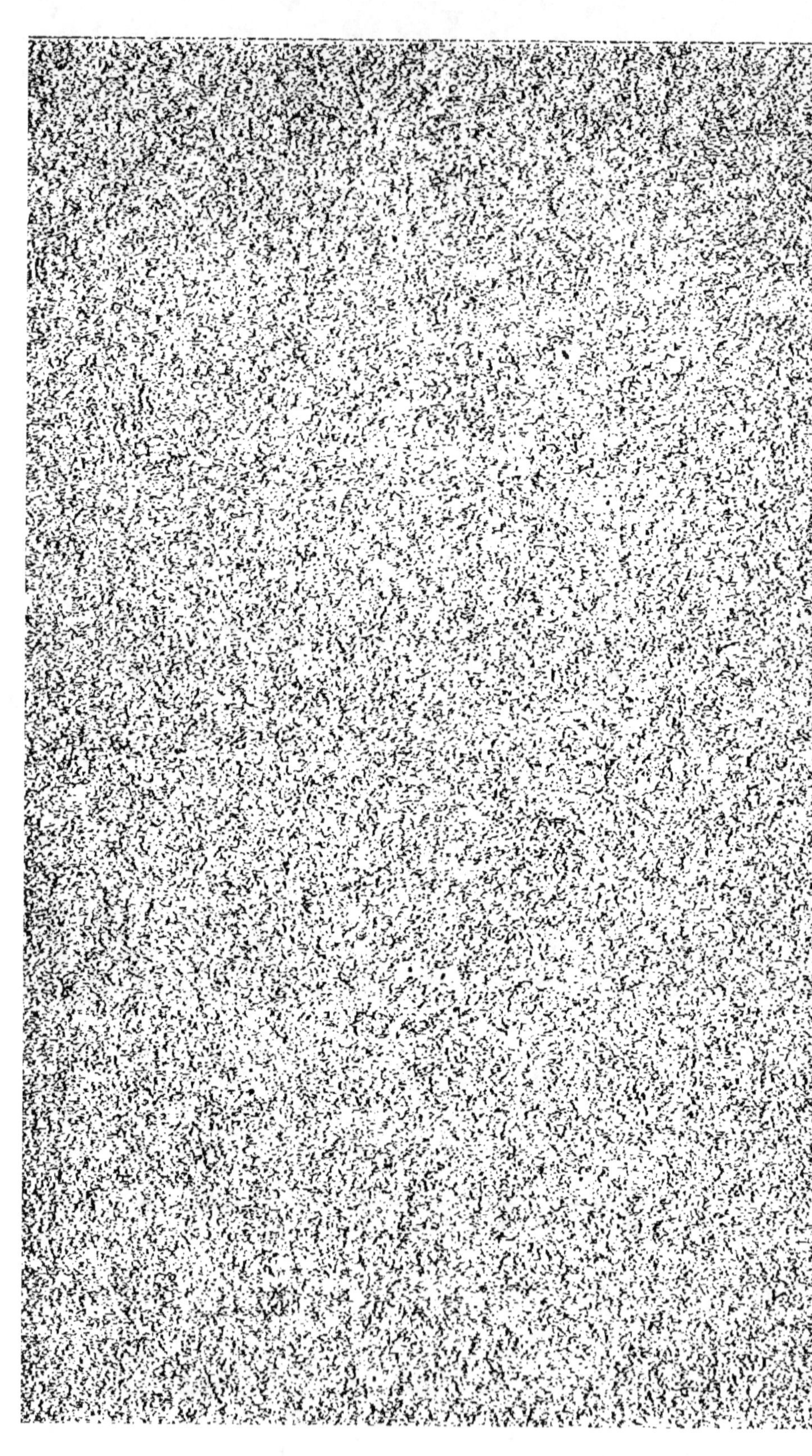

LE GÉNIE CIVIL

REVUE GÉNÉRALE DES INDUSTRIES FRANÇAISES & ÉTRANGÈRES

Administration et Rédaction : 6, rue de la Chaussée-d'Antin, Paris

Prix de l'abonnement par an. — Paris : 36 francs ; — Départements : 38 francs ; — Étranger (union postale) : 40 fr.

SOMMAIRE. — *Travaux Publics.* Phare de Rotterdam dans la mer du Nord (planche IV), P. 49. E. Lemoine. — *L'aéro-économique.* La responsabilité des accidents du travail. Rapport des projets de loi et des législations, p. 51; Félix Martin. — *Chemins de fer.* Traverses métalliques avec patins en bois, p. 53; Oriste. — *Construction* d'une voie ferrée en tranchée couverte à Glasgow, p. 54. — *Travaux.* Cryptographie (suite), p. 55; Max de Villar. — *Mines.* L'éclairage électrique dans les mines, p. 56; P. F. Callon. — *Expositions.* Congrès de sauvetage au Palais de l'Industrie en 1884, p. 57. — *Constructions navales.* Emploi de l'air comprimé pour le sauvetage des navires, p. 58; Jules d'Allest. — *Informations.* Le néo-darwinisme, p. 60. — *Nécrologie.* Revue Magazine, p. 60; Gaston Tissandier. — *Exposition universelle* de 1889. Documents officiels et informations diverses, p. 61.

Planche IV : Phare de Rotterdam dans la mer du Nord.

— *Participation des pays étrangers à l'Exposition de 1889.* — L'Exposition, p. 61. — *Lauréats de concours* du prix Osiris, revue à exécuter pour les galeries des expositions du travail de Kiel, p. 62. — *Liste d'application* en ce qui concerne les travaux de ma... en travers dirigés pour la couverture des combles des Palais des... et des Arts Libéraux, ainsi que des galeries Expo. et Dou... Mart. p. 62.

Sociétés savantes et industrielles. — Académie des Sciences, 24 mars et 1 avril 1884, p. 63; O. Petit. — Société d'encouragement à l'Industrie nationale, séance des 23 mars et 1 avril 1884, p. 64.

Bibliographie. — Livres récemment parus, p. 64.

TRAVAUX PUBLICS

PHARE DE ROTTERDAM DANS LA MER DU NORD

(planche IV)

Les lecteurs du *Génie Civil* qui suivent depuis longtemps cette publication, se rappellent sans doute le récit d'une tentative malheureuse faite en 1861, pour établir un phare fixe dans la mer du Nord, près de l'embouchure du Weser. On a travaillé la différence qui dure le...

Hartort et Cie, de Duisbourg, terminé en août 1883, puis rem... figuré en novembre de la même année. La description de l'E... est une traduction textuelle d'une conférence faite à Hambourg... l'association des Architectes et Ingénieurs de cette ville, par O. Sergfeld, d'un des ingénieurs de la Société Hartort.

Comme le *Génie Civil* de 1881-1882 peut n'être pas dans l... de tous les lecteurs d'aujourd'hui, nous reprenons le récit de... du phare dès l'origine, en nous attachant à...

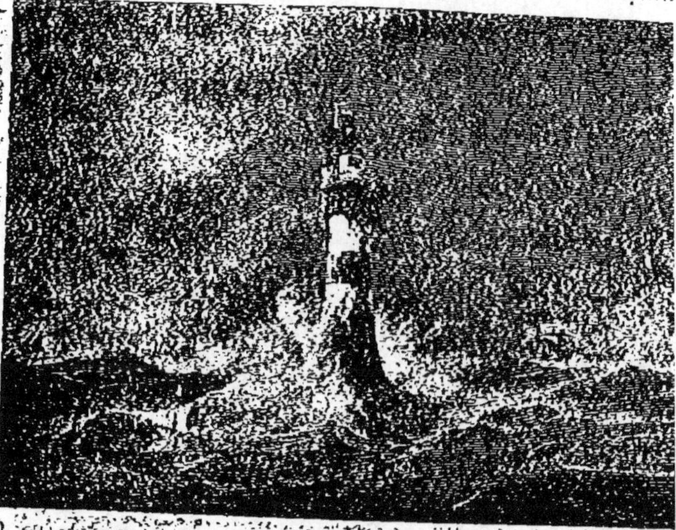

Fig. 1. — Le phare de Rotterdam dans la mer à l'embouchure du Weser (d'après une photographie).

Tome II, 1881-1882, pages 205, 255 et 305. L'auteur terminait son premier article en exprimant le vœu qu'une entreprise aussi utile ne fût pas abandonnée. Ce vœu a été entendu. La construction de ce phare a été reprise à peu près sur les mêmes bases que celles indiquées dans le *Génie Civil*, et elle a eu une réussite complète.

Nous en trouvons le compte rendu, accompagné de dessins, dans l'*Engineering* des 8 et 16 décembre dernier. C'est le même phare, situé au même endroit, c'est-à-dire à 50 kilomètres de Bremerhaven, sur la ligne qui va de cette ville à Héligoland. Il a été exécuté par la Société...

Ce phare a été établi aux frais communs des États limitrophes de l'embouchure du Weser : Prusse-Oldenbourg, Brême, sous la direction exclusive de Brême. L'érection en fut décidée en 1879, pour remédier aux difficultés des abords de ces parages encombrés de nombreux bancs de sable qui en rendent la navigation difficile et périlleuse... recourait aux phares flottants moins coûteux, mais pour lesquels se rencontrait pas un seul bon mouillage. On ne se dissimulait pas combien étaient grandes les difficultés à vaincre pour arriver au but d'un pareil travail. On avait à lutter contre une mer qu'agitent...

LE GÉNIE CIVIL

Rédacteur en chef : MAX DE NANSOUTY, Ingénieur civil, A. U.

Secrétaire du Comité technique d'électricité à l'Exposition de 1889, Membre du Comité de la des Ingénieurs civils.

HEBDOMADAIRE

Prix de l'abonnement : Paris, 36 fr. — Départements, 38 fr. — Étranger (Union postale), 40 fr. — Autres pays le po...

Un numéro : 1 franc.

IMPRIMERIE CENTRALE DES CHEMINS DE FER. — IMPRIMERIE CHAIX, RUE BERGÈRE, 20, PARIS. — 17211-3-8.

www.ingramcontent.com/pod-product-compliance
Lightning Source LLC
Chambersburg PA
CBHW071319030726
47594CB00002B/475